圖解

史丹佛大學的自我改變課

97%學員認證，
輕鬆駕馭意志力【實踐版】

Kelly McGonigal
凱莉・麥高尼格——著
高宜汝——譯

The Willpower Instinct Illustrared Edition

目次 CONTENTS

第2章 理解意志力如何運作……026

第5章 將欲望化為意志力的來源

第6章 「管他的效應」會引起挫折

Introduction

鍛鍊意志力 就能達成目標

控制注意力、感情或欲望的能力，就稱為「意志力」。許多人都感覺到自己的「意志力」很薄弱，不過意志力是可以鍛鍊、培養的。

無論誰都在煩惱「意志力薄弱」

如果沒辦法控制自己，就無法維持健康或經濟的穩定，人際關係及工作等各個層面也都會受到波及。雖然對此心知肚明，但大部分人還是無法壓抑自己，而輸給了欲求。其實，與其說是意志力薄弱，倒不如說我們對於意志力相關的錯誤思考才是阻礙成功眞正的主因。

本書基於史丹佛大學生涯學習計畫「意志力科學」的講座內容，說明「如何捨棄壞習慣，養成健康習慣」「怎麼做才不會拖延」。接著，以科學闡釋「我們爲什麼輸給誘惑」與「該如何強大到戰勝誘惑」，並介紹鍛鍊意志力的最佳方法。

從科學及實踐中，導出答案

上過熱門講座「意志力科學」的學員中，有企業主管、教師、運動選手、醫事人員等各領域的人們。他們都抱持著希望能戒菸、減重、省錢等具體目標來參加講座。講座結束後，學員都實際感受到自己的意志力變強了，並了解到加強自制力的方法。他們都得到了足以追求自己重要目標的強大力量。

學員將講座上介紹的方法試著運用在實際生活當中，接著一個個回報自己認爲有效的方法。

本書內容融合了「最優秀的科學見解」及講座中實行的「實踐運動」，也同時集結了學員的睿智。

自己無法達成目標的原因是……

- 無法養成健康的習慣

- 總是事事拖延

- 無法壓抑情緒

- 無法克制欲求

感覺都是因為意志力薄弱所造成

↓

- 藉由史丹佛大學講座「意志力科學」，
  理解真正的理由

為什麼會
輸給誘惑？
意志力科學
什麼是「橋到船頭
自然直效果」？

用科學解說「鍛鍊意志力的方法」

明白自己的失敗模式

理解自己為什麼失敗，是自我控制的第一步。

你明知該做哪些事，但為什麼一直不去做

強化自我控制的第一步，就是理解自己爲什麼、如何失去自制力的。

就連科學研究都已經證實，越是覺得「自己意志很強」的人，越容易在受到誘惑時失去自制力。例如，對持續戒菸越有自信的人，越容易在過了一段時間後又開始抽菸。明明只要避免跟抽菸者一同出門就好，卻刻意讓自己身處誘惑。在發現自己戒菸失敗後又想著：「怎麼會這樣?!」而受到打擊，最後放棄戒菸。這種行爲就是沒有徹底了解「自己在何時、何地，以及如何失敗」。

邁向成功的第一步就是了解自己的「失敗」

本書介紹了每個人都可能在意志力問題上碰到的失敗範例。換句話說，就是介紹「我們在哪種情況下會輸給衝動，或把該做的事延後」「失敗的原因爲何」。

想從悲慘的命運中拯救未來的自己，去了解自己的失敗模式，並且知道將它轉變成邁向成功戰略的方法，是非常重要的。

只要是人，都會爲誘惑或欲求所苦。這是全人類共通的煩惱。當您讀完這本書的時候，一定能更加理解這件事。

意志力科學

● 回顧「自己失敗的瞬間」

↓

● 看見自己的「失敗模式」

走在街上 → 經過蛋糕店 → 不小心就買了

↓

● 了解自己，是達成目標的第一步！

了解失敗模式 → 思考對策 → 付諸行動

Introduction

以科學家角度觀察自己

為了好好了解自己，要試著認清哪種方法適合自己且對自己有效。為此，每章都準備了兩種作業。

「顯微鏡」：聚焦生活思考

希望大家能透過「顯微鏡」，直率地觀察自己，接著著手思考。藉此可以理解每章說明的重點，並適用於實際生活中。

首先，檢視現狀，關注自己在哪種情況下容易輸給誘惑。

另外，有關自己所決定的意志力挑戰，是用來自我檢討是否找了什麼藉口或做出了什麼評價。假裝自己是一位透過顯微鏡觀察的科學家，一邊享受一邊完成作業吧。

「意志力實驗」：強化自我控制的策略

另一個作業是以科學研究或理論爲基礎，爲強化意志力而制定的實際策略，並且能立刻應用在現實生活中。

且這都是上過講座的眾多學員所認可的「有效」策略。

嘗試各種策略，找到對自己有用的方法吧。

這不是「考試」，而是「實驗」，所以即使嘗試過程不順利也無妨。放輕鬆地運用看看吧。

為觀察自己並實驗的兩個作業

● Microscope 顯微鏡 ｛ 客觀、確實地觀察自己的行動

觀察並理解自己的失敗模式

● 意志力的實驗 ｛ 自己也試用看看對多數人有效的方法

邊看結果邊調整成
適合自己的做法

請選擇屬於你的「挑戰」

在關於意志力的問題中，選出一個自己想要著手的作業。

請選擇想要著手的作業

與意志力相關的事情中，你想要著手的作業是什麼？如果無法立即找到作業，可以參考以下的三種挑戰。

1 行動力的挑戰

「行動力」是指能面對那些明明必須做卻不做或拖延未做事情的能力。

2 拒絕力的挑戰

「拒絕力」是表示能拒絕吃過多、飲酒過度、吸菸等對自己有負面影響事情的能力。

3 期望力的挑戰

「期望力」是指能明確期望對自己而言，最重要長期目標的能力。

本書的使用方法

各章構成

每章都會提出一個個關鍵的重點，先說明科學理論，
再闡述有助於達成目標的方法。

顯微鏡

此部分是為了讓大家注意到該章說明的重點，符合實際生活中的哪些事物。讓我們抱著科學家般的好奇心，來觀察自己吧。

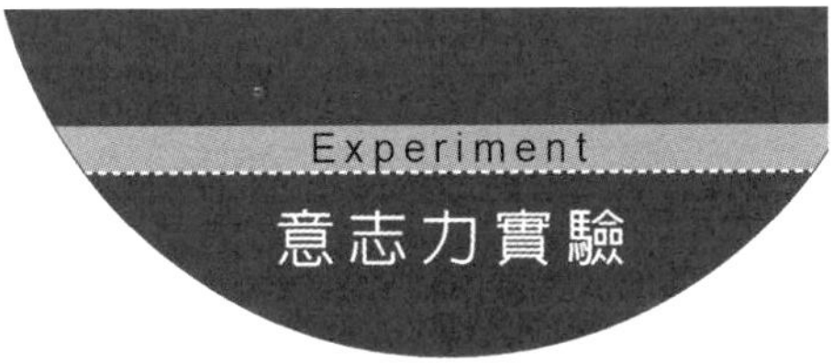

意志力實驗

此部分是指能有效找到解決棘手問題方法的實驗。請認清哪個策略對自己有效。

重點整理

為了達成自己的目標，挑戰實際的演練，回顧結果。

編注：作者將意志力的概念分爲行動力、拒絕力、期望力三種，其意涵與《輕鬆駕馭意志力（暢銷10年紀念新版）》的「我要去做」的力量、「我不去做」的力量、「我眞正想做」的力量相同。此處爲符合圖解書簡潔清楚的意象，全書使用前者表示。

第1章

活用「行動力」「拒絕力」和「期望力」

意志力共分成「行動力」「拒絕力」和「期望力」三種能力。只要活用這三種能力，就能達成目標或迴避困難，成為更好的自己。

對大部分人來說，意志力受到挑戰的典型例子大概就是戰勝誘惑了。甜甜圈、香菸或清倉拍賣等，各式各樣的事物都在誘惑你。在這種情況下，你需要的是「**拒絕力**」。

但是，僅說「不」、會拒絕並不代表就有意志力。即使碰到一邊想著明天再做吧，同時拖延事情的情況時，只要意志力夠強，就能把拖延沒做的事加入今天的「必做清單」中。面臨此情況，你需要的是「**行動力**」，就是即使覺得麻煩也能把應做事項完成的能力。

「行動力」跟「拒絕力」表現出自我控制的兩面。不過，爲了在該說不的時候拒絕，該點頭的時候說好，還需要另一個能想起自己眞正期望之事的能力。

當你感覺自己快要輸給誘惑，或是想將事物往後延的時候，爲了能發揮自制力，必須要回想起對自己而言相當重要的動力。這個時候就需要「**期望力**」。

為了達成目標，該如何活用「三種力」？

大腦的前額葉皮質控制我們的行動。人類具有啓動將應該做的事情完成的機制，每個部分各具「行動」「拒絕」和「期望」的作用。

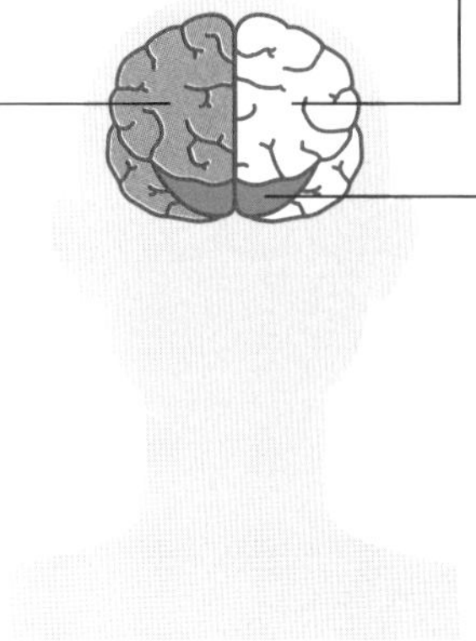

行動力

前額葉皮質左上側

面對那些我們覺得無趣或很困難的工作，和感覺壓力大的工作，都能持續著手進行。

拒絕力

前額葉皮質右上側

當我們開車時，即使想看手機簡訊也能忍耐，感到衝動或欲求也不會立刻被影響的能力。

期望力

前額葉皮質中下側

記錄目標或欲求的位置。這裡的細胞反應越大，越能提升抗拒誘惑的動力。即使大腦其他區域大喊著：「吃吧！喝吧！買吧！」你也不會忘記自己真正期望的事物為何。

人類大腦的進化

現代
③
比起眼前利益，更追求長期利益
④
追求像自我實現等更高層次的利益
遠古時代
①
只靠自己存活
②
為了生存，以共同體的模式和夥伴合作

大腦為生存所迫，從 ① 進化到 ④。無論是想飛黃騰達、獲得好成績跟壽命變長，全部都靠活用這個「大腦能力」來決定

為另一個自己取名字

衝動的自我 vs. 明智的自我

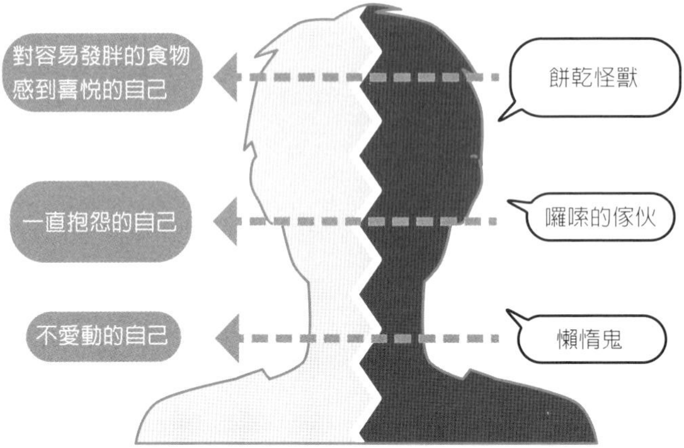

希望減重成功的自己，跟忍不住想吃餅乾的自己。這兩個都是我，我們卻在這兩個自己之間徘徊不定。該如何喚醒「明智的自己」才好呢？

想滿足眼前的欲望，可是這樣一來就沒辦法達成目標……

意志力的問題，來自於衝動與更明智的自我之間的鬥爭，意識到這兩個彼此對立的自我是非常重要的。

有人說替衝動的自我，取個暱稱很有效。例如，試著替想吃餅乾的自己取個像「餅乾怪獸」的奇怪名稱。

這樣一來，當自己快要變成想滿足眼前欲望的自己時，可以幫助自己察覺到突然的不對勁，也能協助喚醒明智的自我。

活用自我控制的機制及本能

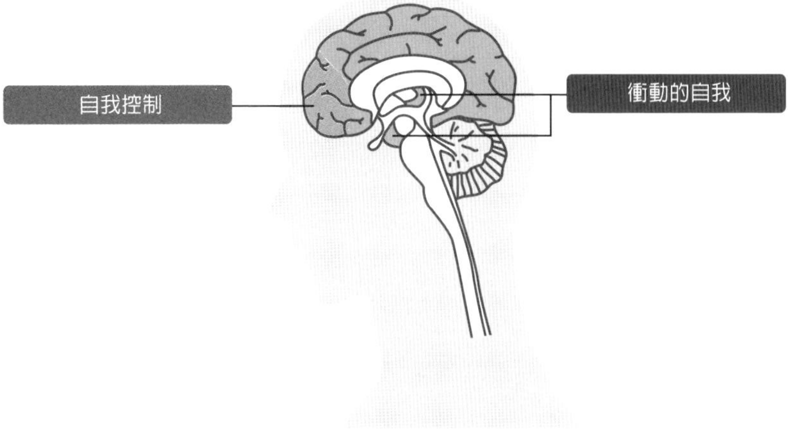

不僅僅靠自我控制機制（理性），連本能都能妥善活用的話，就能做出好決斷

雖然隨著人類演化，大腦體積也跟著加大，不過頭腦本身卻沒有從原始腦變成新頭腦，只是在衝動和本能系統的部位上多加了自我控制的機制。雖然原始本能似乎被視爲演化史的殘留物，但認爲應將原始自己完全消除的想法是不對的。

我們若失去欲望的話會變得憂鬱，喪失恐懼的話就無法從危險中保護自己。想要成功挑戰意志力，並非去反抗原始本能，而是必須學會利用它。自我控制的機制和生存本能並不一定是對立的，有時這兩種特性相互合作，更能幫助我們做出好決斷。

Experiment
意志力實驗

回顧自己的選擇並加以分析

要強化自我控制，必須先提升自我覺察的能力。在做出與意志力挑戰相關的選擇時，清楚地覺察自己做了什麼選擇是相當重要的。

舉例來說，即使是下班回家路上要不要去健身房這種單純的選擇，都會在事後才察覺到，自己不經意做出的選擇，會對其他事情造成影響。

爲了下班後可以不用先回家，能直奔健身房，早上出門前你是否已經做好準備了呢？（這樣就很難找理由蹺掉沒去）因爲下班前接了通耗時的電話，所以肚子餓到不想去健身房？（吃完晚餐後更難去健身房運動了吧！）

在一天結束之際，回顧自己的選擇，分析「我什麼時候做了能達成或妨礙目標的選擇」，這麼做可以降低讓自己做出草率選擇的次數。

為什麼去不了健身房？

下班前
接了通耗時的電話。

▼

試著長話短說結束通話，或是下班前不再接電話。

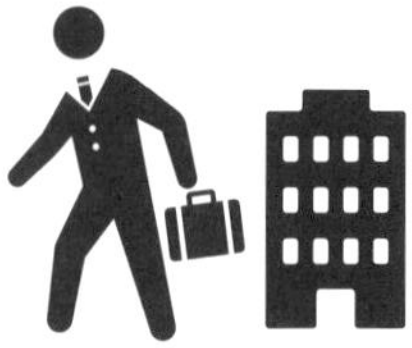

下班後直接回家，就會覺得去健身房很麻煩。

▼

出門前做好下班後能直接上健身房的準備。

失敗的背後一定有原因，
了解原因後就能擬定對策

進行冥想訓練後……

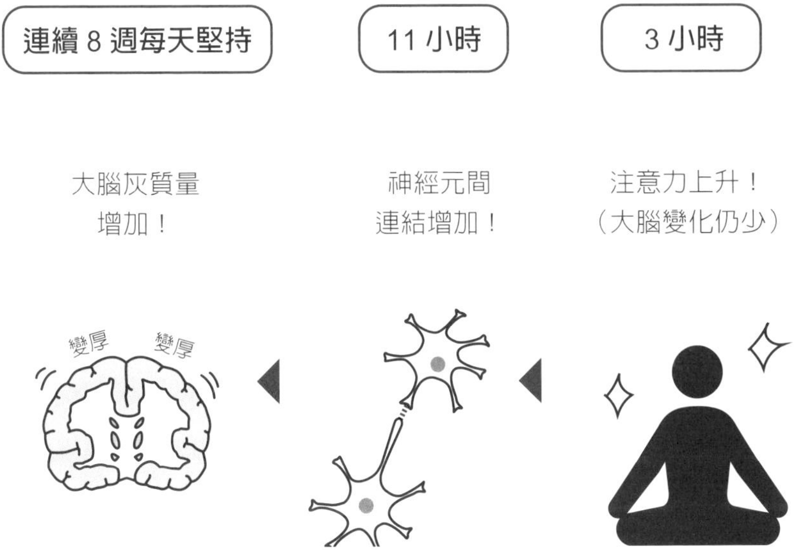

鍛鍊大腦，強化自我控制的其中一個方法就是冥想。

只要冥想，即可增加注意力、專注力、壓力管理、抑制衝動、自我覺察等各種自我控制的能力。定期冥想的話，大腦會如同優秀的意志力機器般發達，幫助自我覺察的大腦灰質也會增加。

某項研究發現冥想三個小時可提升注意力和自制力。冥想十一小時之後大腦會出現變化，可以增加有助於「持續專注力」「忽視會讓人分心的事物」「抑制衝動」等神經元間的連結。

另一個研究中則發現連續八週每天冥想的話，不僅提升了自我察覺的程度，負責自我察覺的大腦灰質也增加了。

用五分鐘導出大腦力量的極限

5 分鐘冥想，鍛鍊大腦

①靜靜地坐在位置上

可選擇腳底貼地、坐在椅子上，或盤腿坐在坐墊上。
背部挺直後將雙手放在膝蓋上，重要的是不要心浮氣躁。

②專注在呼吸上

在心中一邊默念「吸氣」「吐氣」，一邊慢慢呼吸。

③掌握呼吸的感受，若開始分心就重新專注於呼吸

停止在心裡默念「吸氣」「吐氣」，專注呼吸時的感覺。
你會知道自己吸氣時腹部跟胸部都會鼓起來，吐氣時則慢慢消下去。

冥想並將意識專注於呼吸時，就能鍛鍊大腦，強化意志力。壓力也會因此減少，不會受到欲望或擔心等內在因素，以及看得見的東西、聲音或氣味等外在因素影響而分散意志力。

最近的研究發現，定期冥想對於戒菸或減重、藥物或酒精成癮等也很有效。

無論你的意志力挑戰是有關「行動力」，還是「拒絕力」的問題，冥想都是鍛鍊大腦、強化意志力的最佳方法。

先從一天冥想五分鐘開始，習慣後再試著加長到一天十～十五分鐘。比起練習長時間冥想，結果覺得麻煩而總是拖到明天再做，倒不如每天短時間練習比較好。

可以事先決定一天內冥想的時段，像是早上沖澡前，也可以選擇自己方便的時候進行。

以冥想將自己拉回目標上

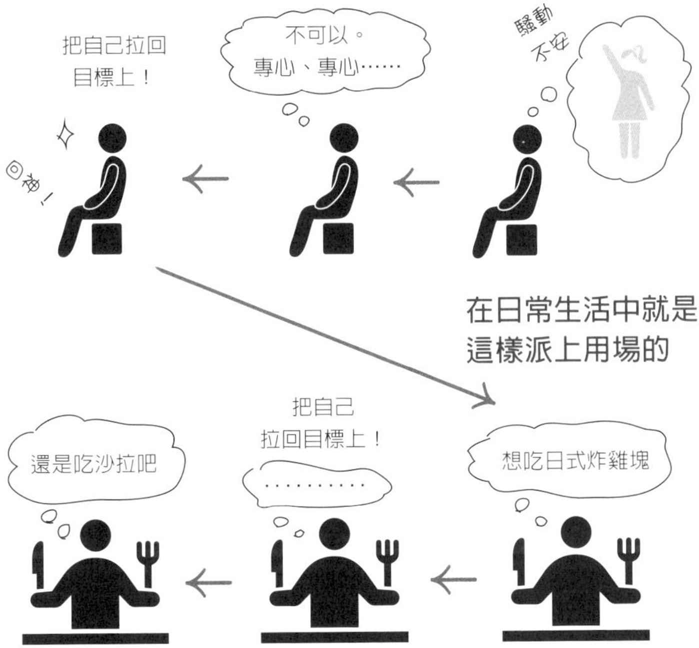

冥想並非清除腦中所有雜念。請將它想成是一種讓人專注於呼吸的練習，若分心再重新調整，再次專注於呼吸上。

自我控制跟冥想練習相同，是察覺到快遠離目標的自己，重新修正軌道，繼續往目標前進的過程。

若一直無法順利進行冥想，就算不斷分心，再重新專注於呼吸上也沒關係。

這個當自己分心時都能一而再地確實察覺到的過程，是為了能在日常生活中「察覺到自己遠離目標，刻意將自己拉回目標上」的有效練習。

第1章

活用「行動力」「拒絕力」和「期望力」

重點整理

意志力共分成
「行動力」「拒絕力」和「期望力」
三種能力。
這三種能力，
正是能幫助我們
變成更好自己的力量。

為了提升意志力……

1 使用意志力的「三種能力」

為了達成目標，要活用「行動力」「拒絕力」和「期望力」三種能力。

2 喚醒「明智的自我」

喚醒明智的自我，以打敗衝動的自我。

3 回顧一天的選擇

回想自己何時達成目標，或是何時做出了自我妨礙的選擇。

4 運用冥想，練習將自己拉回到目標上

冥想並專注在呼吸上，練習在分心時重新專注於呼吸。

第2章

理解意志力如何運作

考驗意志力的時機，感覺彷彿兩個自我彼此角力。有時欲望會獲勝，也有時是明智的自己勝出。一起學習發揮自制力，增加意志力的方法吧。

當我們能發揮自制力的時候，身心上會產生一種可克服衝動的強韌及安穩。

研究結果發現，人類在累積多次的訓練後，就可以在必要時刻將自己的身體切換成能發揮自制力的狀態。

自制力也是指能從危險或威脅中，保護自己的能力。我們的大腦及身體在面對危險和威脅時，會根據不同的性質以兩種截然不同的反應來對應。

比方說，當老虎突然出現在眼前時，會引發大腦跟身體內**「戰或逃」的反應**的原始本能，瞬間察覺到危險並急忙逃走。

另一方面，即使在減重，只要看到感覺很好吃的蛋糕出現，大腦跟身體就會產生**「停下來計畫」的反應**，覺得「因爲會胖還是別吃了」，所以忍耐著不吃蛋糕。

幸運的是隨著人類的進化，我們被賦予了不管是面對哪種威脅都能自保的能力。

對危險或威脅產生的兩種本能反應

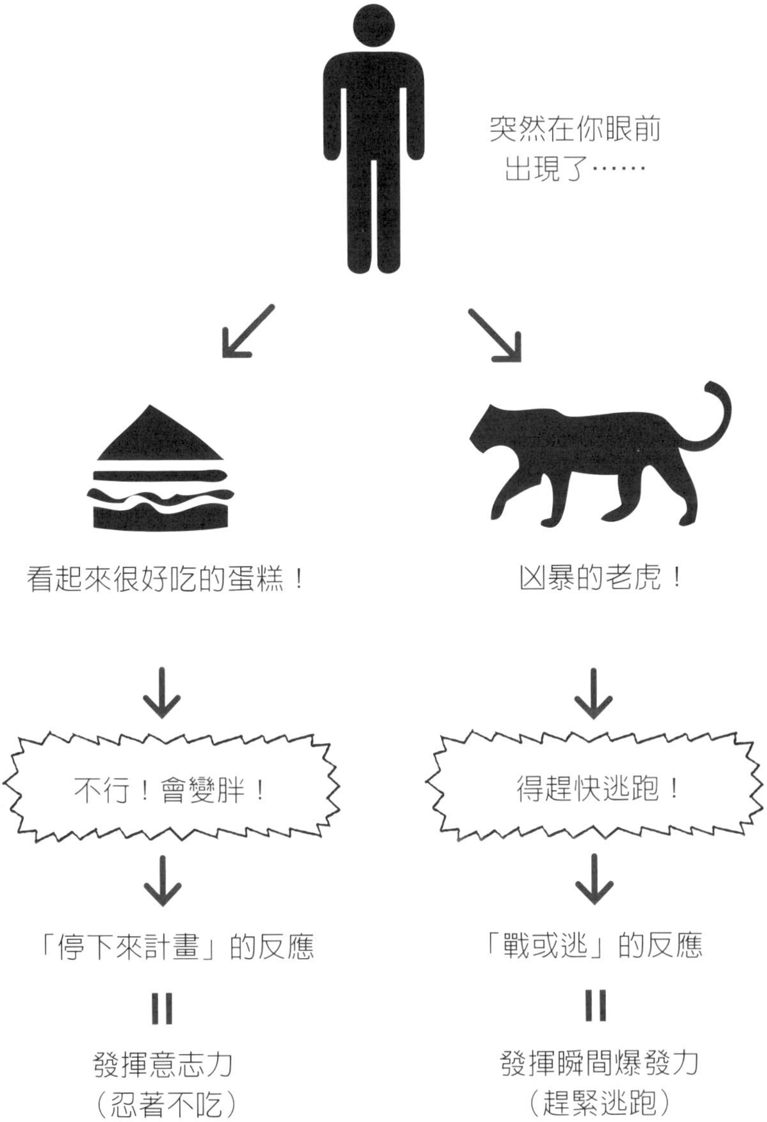
突然在你眼前
出現了……
看起來很好吃的蛋糕！
凶暴的老虎！
不行！會變胖！
得趕快逃跑！
「停下來計畫」的反應
=
發揮意志力
（忍著不吃）
「戰或逃」的反應
=
發揮瞬間爆發力
（趕緊逃跑）

若心中開始產生糾葛？

雖然不想做，
可是必須去做

雖然想做，
但是不能去做

這種時候，若順從本能的話就會失敗

↓

因此　大腦先喘口氣後，思考以停下來計畫的反應來對應

以冷靜抑制衝動

自我控制是如何應對心中糾葛的內在問題。即使感到衝動，也能用冷靜來跨越糾葛，抑制衝動。

當必須自我控制時，大腦跟身體會聯手引起變化，試圖跨越自我破壞的衝動。這個反應稱爲停下來計畫的反應。

戰或逃的反應是在認知到突然出現老虎等外在威脅時引發的反應。大腦跟身體會傾向於採取攻擊或逃走等衝動行爲。

另一方面，停下來計畫的反應是因爲心中所產生的糾葛，像「想做但不能做」「得做可是提不起勁」所引發的。爲了跨越這種糾葛，重要的第一步就是冷靜。這樣一來，大腦跟身體會引起變化，試圖抑制衝動。

為了做出正確的選擇，能量會匯集到大腦裡

大腦也會引發停下來計畫的反應。若它發現警戒徵兆時，體內的能量就會匯集到大腦中，前額葉皮質會為了做出正確選擇而下達指示。

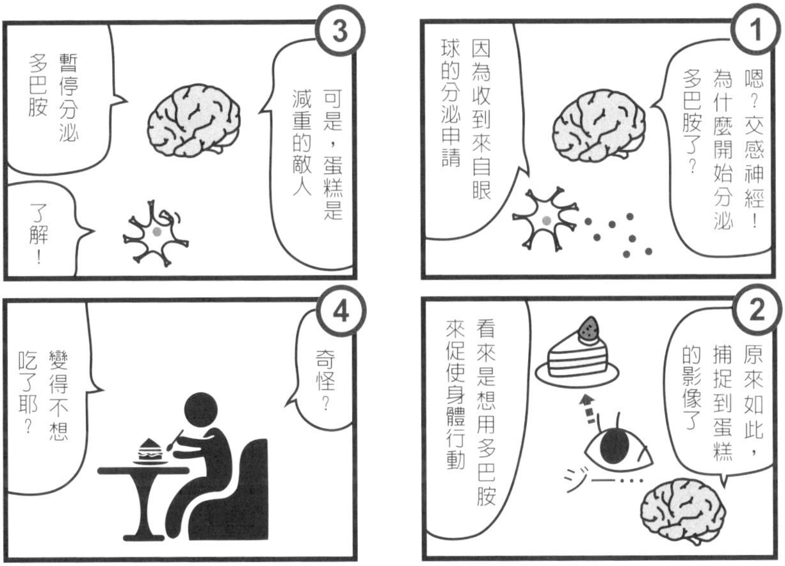

大腦裡有個「自我監測系統」，當你內心浮現出什麼想法、感情或身體感覺時，這個機制可以避免你做出後悔的事或錯失機會。

大腦只要察覺這些徵兆，前額葉皮質會立刻行動，讓你做出正確的選擇。爲了協助前額葉皮質的行動，大腦會引發停下來計畫的反應，體內的能量會因此往大腦匯集。

停下來計畫的反應不只出現在大腦內，也會反應在身體生理上，這都是爲了幫衝動踩煞車。

因此，前額葉皮質會下達自我控制的指示。

當停下來計畫的反應啓動時，心跳會變慢，血壓跟呼吸也都跟日常無恙。身體會變得放鬆，心情也跟著冷靜下來。

緩慢呼吸就能發揮自制力

活化身體及大腦

只要放慢呼吸循環約 1 ～ 2 分鐘的話……

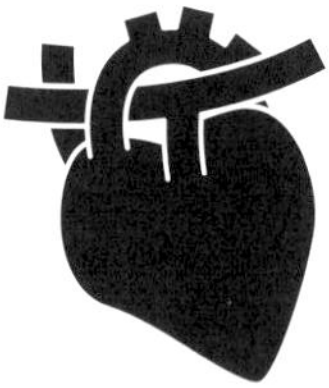

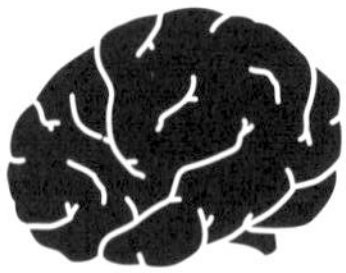

心率變異度度
能上升

前額葉皮質
會活化

- 變得較能抗壓
- 增加意志力信者存庫

呼吸循環一放慢，會活化前額葉皮質，心率變異度度也跟著上升。大腦和身體則可以從壓力狀態釋放，切換成可發揮自制力的狀態。

當人感覺到壓力的時候，心率變異度（HRV）會降低。換句話說，心跳會變快，變成衝動狀態。相反地，若發揮自制力的話，心率變異度會上升。在這個狀態下情緒會變得穩定，可以冷靜下來。

若心率變異度提高，遇到誘惑時能發揮的意志力儲存庫就會變多。

能讓身心形成可發揮自制力狀態的其中一個方法，就是放慢呼吸。

將呼吸循環控制在一分鐘約四～六次吧。放慢呼吸循環、活化前額葉皮質，心率變異度就會上升，身體就能從壓力狀態切換成可發揮自制力的狀態，有利於自我控制派上用場。

增加意志力儲存庫的方法

在此介紹日常生活中只要稍微多注意一下，就能增加意志力量的有效方法。

①健康食物

多攝取以植物為主的未加工食品、對身體好的飲食吧。別吃垃圾食物。

②能動就動

運動是鍛鍊大腦的特效藥。跟「冥想」一樣，大腦會因為運動而變大，工作也變得更快速。當然快步走，或是做園藝、跟小孩或寵物玩、打掃等都是一種運動。就從自己想嘗試的事情開始做吧。

③這種事不行

1）久坐、久站或躺著做事。

2）邊吃垃圾食物邊做事。

若能改善一直坐著的生活型態，就能增加意志力儲存庫。

能接觸到自然的綠色運動

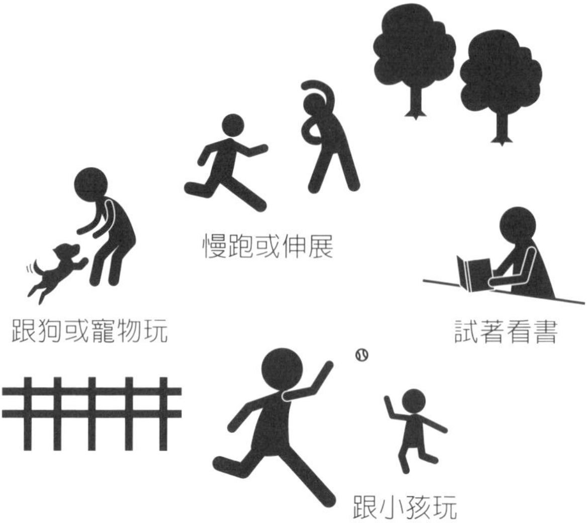

以綠色運動補滿意志力

若想立刻補滿意志力的話，就到外面走走吧。不只壓力會減少，專注力也能提升，連自制力都可以變高。

只要是在屋外能接觸到大自然的事物，都是「綠色運動」。眞的僅需做一下子綠色運動就能看到效果。

短時間集中進行的運動，比起長時間運動更能轉換心情。

不需要做到汗流浹背、筋疲力盡。像是快步等輕度運動的效果會比激烈運動更好，還能立刻見效。

只要走出辦公室，到附近的公園等充滿綠意的地方；或是邊聽喜歡的曲子，邊在附近繞一圈慢跑就能補滿意志力。

睡眠不足的話會怎樣？

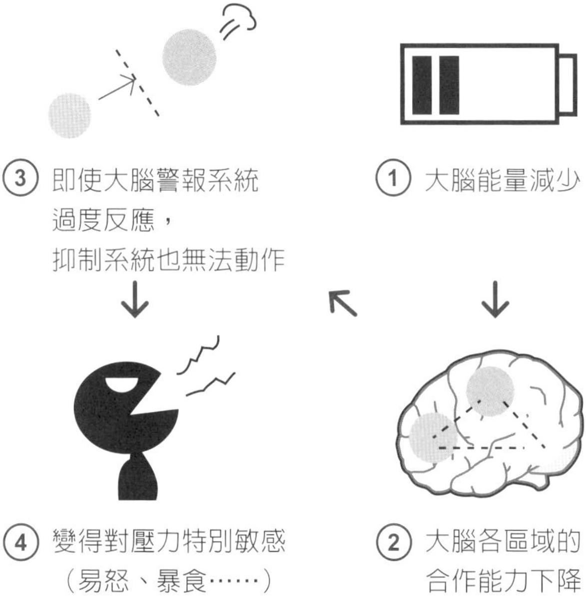
① 大腦能量減少
② 大腦各區域的合作能力下降
③ 即使大腦警報系統過度反應，抑制系統也無法動作
④ 變得對壓力特別敏感（易怒、暴食……）

利用睡眠補強自我控制

一旦陷入慢性睡眠不足，就會變得容易輸給壓力或誘惑。為了提升意志力，必須先好好地睡覺。

當睡眠不足，意志力就會下降。在睡眠不足的狀態下，身體和大腦無法使用其主要能量來源「葡萄糖」，細胞會因此變得能量不足而感到疲倦。

身體跟大腦如果沒有攝取足夠能量的話，就無法發揮自制力。前額葉皮質會被此狀態影響，而無法抑制大腦警報系統的過度運作。結果，自制力更無法發揮作用。

不過，即使持續好幾天睡不飽，只要在週末充分睡到飽的話，意志力就能再度上升。最壞的做法就是連續好幾個小時都硬撐著沒睡覺。就算只是小小打個瞌睡，也能恢復專注力及自制力。

引發身體的放鬆反應

消除源於日常壓力及自我控制等各方面疲勞的好方法之一，就是放鬆。只要養成放鬆的習慣，意志力也能跟著提升。

這裡所提到的放鬆，並非指觀看電視節目等轉換心情的做法。

所謂能提升意志力的放鬆，指的是身心處於真正的休息狀態下，引發由哈佛醫學院的班森（Herbert Benson）醫生所提出的「生理放鬆反應」。

此反應會放慢心跳和呼吸的頻率，也能降低血壓，紓解肌肉的緊繃狀態。大腦也不再思考未來與分析過去，轉而開始休息。只要平躺之後深呼吸，生理放鬆反應就會出現，幫助身體消除疲勞。

哪一種放鬆比較有效？

生理上的放鬆　　轉換心情

身體跟大腦都在休息　　呆看電視、享受酒餚等

生理放鬆習慣
能夠加強意志力

放鬆法範例

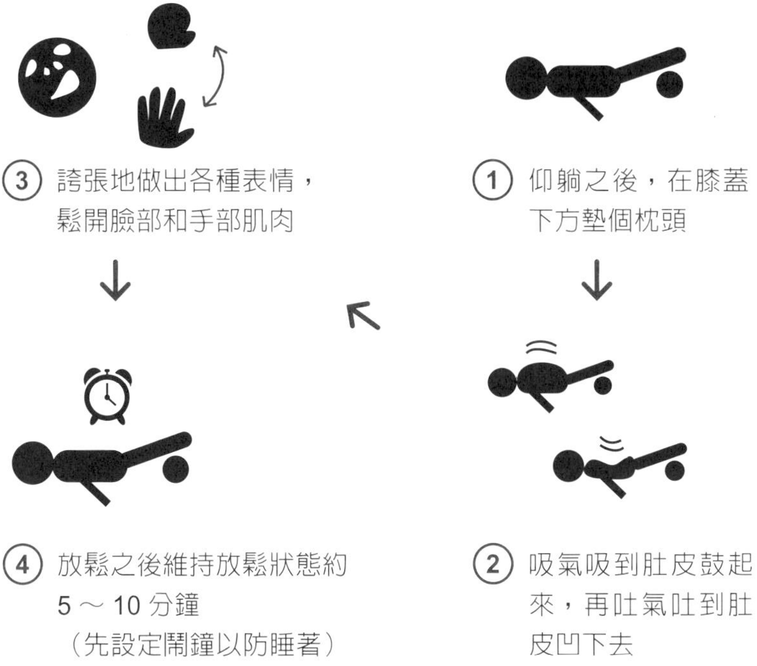
①仰躺之後，在膝蓋下方墊個枕頭
②吸氣吸到肚皮鼓起來，再吐氣吐到肚皮凹下去
③誇張地做出各種表情，鬆開臉部和手部肌肉
④放鬆之後維持放鬆狀態約5～10分鐘
（先設定鬧鐘以防睡著）

想引發放鬆反應，第一步要先仰臥，再把枕頭放在膝蓋下，稍微將腳墊高。

再來，將雙眼闔上，使用腹式呼吸方式做幾次深呼吸。

如果身體有較爲僵硬的地方，試著用手將它揉開。若覺得手掌或手指卡卡的，就先出力握拳之後再張開手。若感覺額頭或下巴有點僵，先讓自己笑到眼睛都瞇起來，再把嘴巴張得大大的，接著再放鬆臉部。

等到全身放鬆後，試著維持這個狀態五到十分鐘。什麼都不做，只要享受呼吸就好。如果覺得自己快要睡著的話，別忘了事先設定好鬧鐘。將這種放鬆養成自己每天的習慣吧。

整備出能與壓力好好相處的身心狀態

若能與壓力好好相處，並將身心狀態整備好，讓能量用在自我控制上的話，就能在意志力挑戰上成功。

壓力過大會妨礙自我控制

壓力大的 A
壓力小的 A
陷入壓力狀態時，
人會變得只能思考眼前的事

自己心頭上有擔心的事或工作過勞等都會累積壓力，這種時候我們就會不小心輸給誘惑或容易動怒，以及將應辦事項拖著不做。

而且，當我們在意志力挑戰上快要失敗的時候，很容易將這個失敗怪罪於自己的個性。可是，大部分的情況都只是大腦跟身體處於不適合自我控制的狀態而已。

當陷於慢性壓力狀態時，衝動的自我會比意志力的自己更率先做出反應。

所以，爲了讓自己的能量能用在自我控制上，要從壓力狀態下好好恢復自己的身心狀態。

壓力會奪走「幹勁」

感到壓力或變憂鬱時，大腦跟身體就無法順利合作。不過，只要學習跟壓力好好相處的方法，就能提升意志力。

緊逼自己會造成反效果

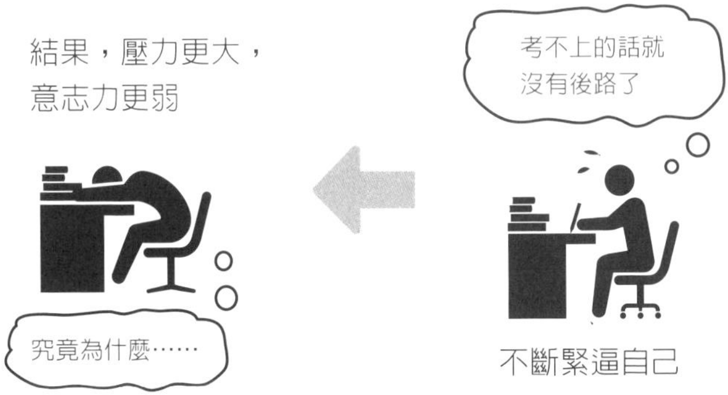
結果，壓力更大，
意志力更弱
考不上的話就
沒有後路了
究竟為什麼……
不斷緊逼自己

為了保持「幹勁」，
請不要緊逼自己

爲了在面對目標時，可以奮發向上，我們責備自己的懶惰毛病或自制力太差，結果卻很容易造成自己的壓力更大。

這種做法以短期來看可能具有效果，可是若以長遠來看，沒有什麼比壓力更容易瞬間弱化意志力了。

處於壓力狀態下，人會變得只能看到眼前的事。但是只要發揮自制力，就可以從大局角度來掌握整體事物。

因此，學習如何和壓力好好相處的方法，是提升意志力最重要的一件事。

重點整理

意志力跟壓力相同，都是為了明哲保身而發展出來的本能。

為了提升意志力……

1 慢慢呼吸

若能放慢呼吸的循環，就能發揮自制力。

2 進行綠色運動

只要出外活動，就能補滿意志力。

3 睡眠充足

用充足睡眠來消除睡眠不足的壞影響。打瞌睡也很有效。

4 以放鬆反應來休養身體

躺平後深呼吸。引發生理放鬆，就能消除疲勞，恢復大腦和身體狀態。

鍛鍊自制力

在現代生活的各式各樣場合中，都需要自制力。為了避免消耗自制力來源的意志力，必須鍛鍊自制力，強化自制力的持久度。

試著回想考試前，那段每天讀書、準備的日子。當你心裡一邊抱怨著「連這個也要考」，一邊將知識或公式等塘塞進腦海中的時候，是不是原本打算要戒掉的香菸也不知不覺地越吸越多，或者是莫名其妙地亂吃、飲食過量呢？

最先以系統性觀察來進行意志力極限實驗的，是心理學家鮑麥斯特（Roy Baumeister）。

他以各種實驗來測試人們的意志力，卻發現受試者的自制力會隨著時間經過而下滑。當時他觀察到意志力隨時都會從同一個源頭裡湧出，每當發揮自制力，意志力就會下降，疲勞也跟著增加。

因此，鮑麥斯特認爲「**自制力跟肌肉很像**」。因爲意志力每用一次就會減少，所以若持續發揮自制力，恐怕遲早會變得無法自我控制。

反之，跟肌肉一樣，只要鍛鍊自制力即可。爲了防止意志力消耗殆盡，就來強化自制力吧。

意志力是有限的資源

無法自我控制 ← 意志力用罄 ← 發揮自制力

自制力跟肌肉相似

鮑麥斯特的研究

正如持續使用肌肉就會疲累般，
若自制力也繼續發揮，
它也會隨時間流逝而越來越弱

到了晚上……

早上的時候……

實驗例子之一

就算是小事
也變得無法忍耐

即使是難事
也能順利忍耐

觀察意志力的增減

回顧自己的一天，弄清楚意志力強及弱的時段，在意志力強的時段，進行自己決心要做的事情吧。

一天之內，意志力最強的是什麼時候？

早上
中午
晚上
隨著時間流逝而變弱
A 的情況
在早上時段進行「行動力」的挑戰
不同時間帶會出現波浪起伏
B 的情況
意志力降低後必須要重振精神

自制力最強的時段是早上，之後會隨著時間流逝而減弱。但是，每個人狀況不同，或許在一天內的某個時刻，可以重新補滿意志力，又或者是心情能爲之一振。所以試著注意自己，一天之中意志力最強的時刻，與相對來說最弱的時刻是什麼時候。

了解自己的模式之後，就能好好安排行程。若可以預先知道自己意志力變弱的時段，也就能提前防範自己輸給誘惑。更重要的是，可以選擇在自己最有能量的時段，進行需要「行動力」來處理的挑戰。

提升血糖值
增加意志力

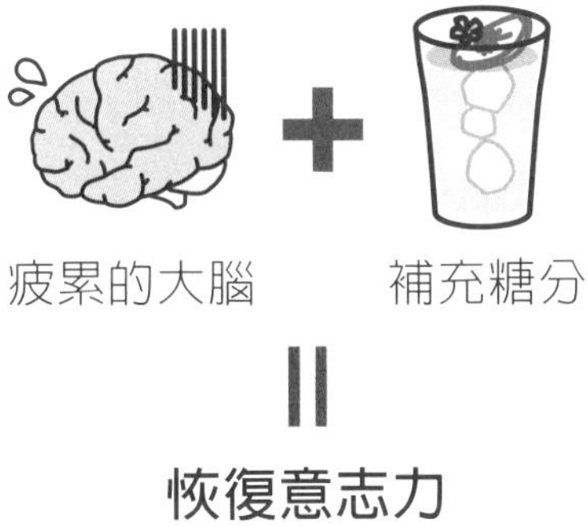
疲累的大腦
補充糖分
恢復意志力

重複進行自我控制之後，大腦會逐漸感覺到疲累。就像疲憊的跑者會停下腳步般，大腦的自我控制機能會低落。

其中一個理由是大腦的能量不足。依據心理學家蓋利特（Matthew Gailliot）所做的實驗，發現血糖值變低時會產生各種意志力問題，但當血糖值上升時，意志力就會立刻恢復。

能量不足
會造成自制力下降

當大腦的能量逐漸減少時，大腦會為了節省能量而降低自制力。當血糖值下降時，大腦會傾向只思考眼前的事，容易從事衝動的行為。

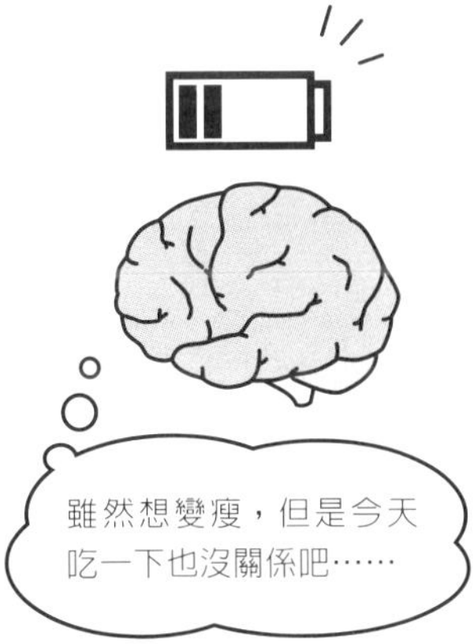
雖然想變瘦，但是今天
吃一下也沒關係吧……

吃堅果能防止意志力下降

營養師或心理學家都推薦攝取脂肪含量少的蛋白質、堅果類、豆類、穀物、麥片、水果、蔬菜等低胰島素飲食。
蔬菜
水果
堅果
豆類
麥片
穀物
……等

最理想的狀態是讓血糖值保持在一定的程度，不要讓它過度下降。若在吃早餐或點心時，選擇低胰島素飲食的話，就能避免意志力下降。

若在能量不足時，吃甜食可以增加血糖值，雖然一時之間意志力會上升，不過如果從長遠角度來看，這種做法並不是好策略。

當壓力一大，人們會容易選擇吃進脂肪或糖分較多的食物。可是，血糖值激烈上升或下降都對身體不好。

因此，請儘量選吃堅果類等較能維持身體能量的食物。爲了將血糖值保持在一定程度的低胰島素飲食，基本上都是直接用天然食材所製作，不加任何糖、脂肪、添加物等的食品。吃早餐或點心等時盡可能選擇低胰島素飲食吧。

克服意志力降低的方法

① 鍛鍊自我控制的「肌肉」

在某個自我控制訓練的課程中，指示參加者各自設定「整理衣櫃」的目標，然後讓他們在自行決定的期限內達成。兩個月後，參加者不只達成了目標，飲食生活也變得健康，增加了運動量，也減低了抽菸量和酒精或咖啡因等的攝取量。

從這個實驗可以了解到，只要持續進行需要自制力的小事，全方位的意志力都會跟著變強。

目標及行程（範例）

- Week 1　確認衣櫃的狀況
- Week 2　依照繼續穿、丟掉、回收來分類衣服
- Week 3　丟掉不要的衣服
- Week 4　回收不穿的衣服

鍛鍊自我控制肌肉……

↓

連飲食生活都變健康了！

② 重複「選擇困難的路」

西北大學的心理學家小組將四十位成人分成三組，並分別給了不同的作業。兩週後，第一組和第二組的人即使面對容易發怒的事，也變得不太有反應。可是，第三組的人卻看不到這種變化。

比起簡單的事，若能持續選擇困難的事來做的話，就能強化自我控制。

第一組

只能用非慣用手

第二組

禁止使用粗魯言詞

第三組

沒下任何指示

挑戰意志力訓練

意志力訓練

強化自我監測	強化行動力	強化拒絕力
確實、持續記錄	決定行動後，持續不懈	拒絕後，堅持下去

記帳、記錄飲食等	每天找出 1 個要丟的東西、每天冥想 5 分鐘等	不蹺腳、不吃零嘴等

試著挑戰意志力訓練吧。靠著每天持續訓練，自制力就能成長。

接下來，試著實際進行意志力訓練的方法。

先從三種意志力訓練：「強化『行動力』」「強化『拒絕力』」「強化自我監測」中，選出一種。

選擇時，不一定要和自己「最大的目標」相符。

即使是簡單的小事，只要將它視爲意志力的挑戰並每天持續進行，就能深刻了解到自我控制和肌肉非常相似，同時能實際感受到的確培養出了足以對應各種問題的意志力能力。

疲勞是大腦產生的「情緒」

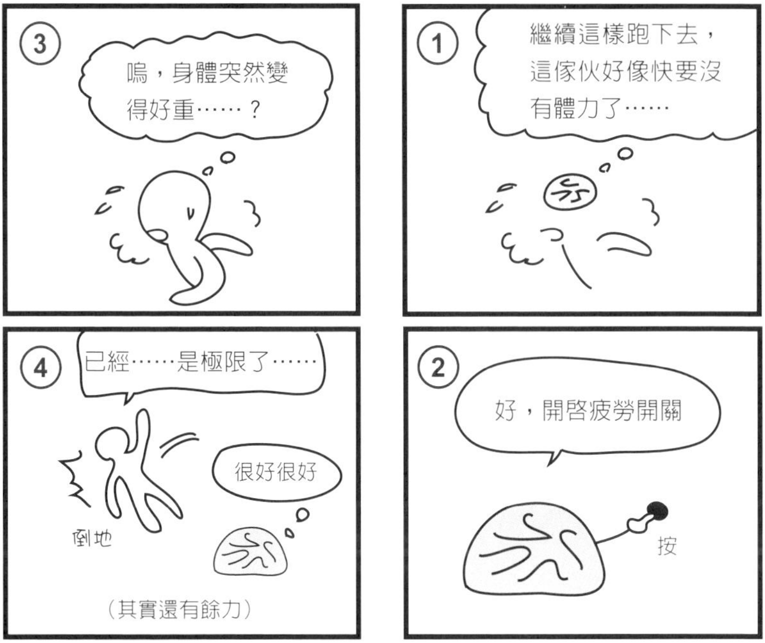
①
繼續這樣跑下去，這傢伙好像快要沒有體力了……
②
好，開啓疲勞開關
按
③
嗚，身體突然變得好重……？
④
已經……是極限了……
很好很好
倒地
（其實還有餘力）

開普敦大學的運動科學教授諾克斯（Timothy Noakes）表示：「我們不該再將運動疲勞視爲體能的問題，這應是一種感受或情感。」也就是說，疲勞只是大腦爲了阻止身體動作而產生的「感受」。

這意味著發揮自制力之後，即使感受到精神上疲勞「已經到頂點了」，但這都只是大腦讓我們感覺到的假象，實際上還未到達極限。

雖然關於「自我控制的極限只反映出人類的自我想像」的研究才剛開始，不過我們是有可能發揮出超越自己想像的意志力的。

什麼事物能讓你變得更堅強呢？

利用「期望力」引發幹勁

GOAL
我想回應大家的期待！

覺得意志力變弱時，就提升動機來提高極限吧。能激發幹勁動機的原動力就是「期望力」。

覺得意志力變弱時，就利用自己的「期望力」來激發幹勁吧。藉由引發十足拚勁，可以使意志力的「肌肉」比想像中更持久。

請從左頁的三種動機中，嘗試思考哪種動機最能讓自己充滿幹勁。

對自己來說最大的「期望力」，就是即使在無法提振精神的時候，也能爲之一振的力量。

不管是感覺快輸給誘惑或快要放棄目標時，記得讓自己隨時回想起這股力量。

衍生「期望力」的三種動機

①思考會有哪種好結果

做了這件事之後，會不會比現在更健康且幸福呢？還是能獲得自由、經濟安定或功成名就呢？

②思考能幫助哪些人

這個行為能幫助到周邊的人嗎？能否對周遭有正面影響呢？

③思考這樣做會越來越輕鬆

就算現在再怎麼辛苦，只要想成自己正處於進步的過程之中，是否就會覺得更值得忍耐了呢？若能在挑戰過程中，看到自己的進步，就可以想像生活會有哪種改變，或是自己會出現哪種感受了嗎？

重點整理

自我控制和肌肉很相似。雖然運用的話就會疲累，可是能藉由意志力訓練來強化它。

為了提升意志力……

1 了解意志力是有極限的

認知到持續發揮自制力就能竭盡意志力。

2 觀察意志力的增減

在意志力強的時段，安排「行動力」的挑戰。

3 消除大腦的能量不足

能穩定血糖值的食物可有效防止意志力低落。

4 強化自制力

設定目標，並在自己決定的期間內達成。

5 重複「選擇困難的路」

「持續選擇困難的方法」可以強化自制力。

6 利用「期望力」激發幹勁

即使快要放棄目標，只要重新意識到動機，就能湧起幹勁。

第4章

做了好事就會想做壞事

在喪失意志力的問題上，並非都是因為失去自制力。要注意「做了好事就會想做壞事」的道德許可證陷阱。

發揮自我控制，努力將應做事項完成後，我們會感覺自己做了件好事，且不自覺地想要做件壞事。

像是努力忍著不衝動購物的人，一回到家就想吃點心；又像是耗費大量時間在某個專案上的上班族，會以爲可以理所當然地私自刷公司可報帳的法人卡來用。

在心理學上，這種現象稱爲**「道德許可證」**（Moral Licensing）。

只因爲自己心情好，而非血糖値或意志力下降，就覺得「我努力過了，得好好犒賞自己才行」，因而忘記了自己的重要目標，輸給了誘惑。

努力後、爲了讓自己更進步，需要的不是給自己錯誤的「犒賞」，而是要回想自己努力的理由或動機。

這樣一來就會有幹勁，並提升自己的自制力。

何謂道德許可證？

→ 由於做好事帶來的反作用力，
形成想縱容自己的現象

因為之前已經捐了 1,000 日圓，

這次捐 400 日圓就好

因為今天已經跑了 5 公里，

所以吃很多也 OK ！

- 做了好事
- 努力過了

所以……
→

- 這次做自己喜歡的事
- 要犒賞自己！

持續這種行為，
只會離目標越來越遠！

「為什麼」是達成目標的訣竅

① 道德許可證效果
今天跑了多少公里啦？
跑了 10 公里
明天偷懶一下好了……
縱容自己
② 戰勝誘惑
是為了什麼今天也繼續在跑步的咧？
因為我想奪冠！
不偏離目標

思考「為什麼」就能改變姿態

察覺到自己正想著「犒賞努力的自己」的時候，就重新回想起「為什麼」自己在努力。

香港科技大學與芝加哥大學曾進行下列實驗。

請學生回想自己戰勝誘惑時，由於道德許可證效果引起的反作用力，有七〇%的學生都採取了對自己寬容的行動。

可是，在詢問學生：「爲什麼當時沒輸給誘惑呢？」之後，有六九%學生戰勝了誘惑。

因爲一回想起「爲什麼」的理由，犒賞就會被視爲是妨礙目標的威脅，大家便不會覺得輸給誘惑、做自己喜歡的事很另人開心。

認為自己意志力越強的人，離目標越遠

① 速食店的實例

② 原因是？

你在午餐時間去速食店買午餐。爲了改善健康狀況，正想著要避開感覺容易發胖的餐點。

然而，你在新菜單裡，卻發現了象徵健康的沙拉，這讓你原本去吃速食的罪惡感都不見了。這時，你會點哪些餐點吃呢？

這種時候，大部分的人都不會點沙拉，反而點了雙層吉士漢堡與薯條等來吃。這是因爲「下次再吃沙拉吧」的心情作祟，你因此開始想吃高熱量食物。

越認爲「自己意志很強」的人，越容易覺得「明天可以做出和今天不同的選擇」，要特別注意！

你是否有這種口頭禪？

明天再加油吧
等下再做就好
今天就算了

還在想「稍後就能扳回一城」？

想著「稍後再做就好」，然後把應做事項往後延的時候，你之後真的好好地把事情做完了嗎？試著觀察自己隔天的行動吧。

當你在做爲達成目標而必須完成的事情時，是否覺得有點麻煩，而想著「等下再做就好」或「即使今天沒做好，明天再好好完成就好」呢？

由於我們總是樂觀看待未來，不僅容易想著「等下再做」，還傾向覺得「稍後做的話就能簡單完成」。不會想到明天的自己也像今天般會被同樣的雜事追著跑而很忙。

因此，你會不禁覺得即使今天不想做，只要等下再做一定就能順利完成。

把應做事項往後延的時候，試著觀察隔天自己的行動吧。

不禁樂觀思考之後的情況

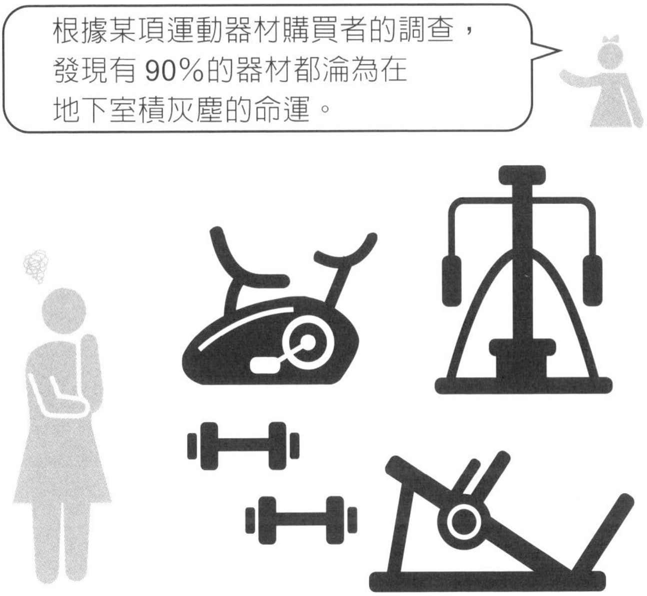
根據某項運動器材購買者的調查，
發現有90%的器材都淪為在
地下室積灰塵的命運。

清楚揭示這種錯覺行爲的是行銷學教授坦納（Robin Tanner）及卡爾森（Curt Carlson）。他們詢問購買運動器材的消費者，覺得自己會多常使用這個器材。

結果，幾乎所有受訪者都樂觀地預估了自己的使用頻率。但是，兩週後再次詢問他們實際運動的次數時，毫無疑問地所有的回答都比先前預估的少。接著，研究者又追問：「之後兩週內，你覺得會做幾次運動呢？」時，受訪者不只回答自己先前只是正好太忙，還會說出比上次預估更多的次數。

我們往往錯誤地預期「未來」會比「今天」有更多空閒時間。

決定「明天也要做同樣的行動」

藉由每天讓自己的行動不改變，就能捫心自問：「每天做這種事真的好嗎？」

知名的行爲經濟學家拉克林（Howard Rachlin）提倡，當你想改變行爲時，不要突然就想挑戰放棄該行爲，而是從每天讓自己減少每日行爲的「可變性」就好。

以吸菸爲例。當自己設定了規則：「每天吸同樣根數的菸」時，即使明明沒有人提醒「請你減少吸菸量」，你的吸菸量也會自然變少。原因是你無法再說出如「明天再減量就好」的藉口，而且會感受到明天之後也要持續吸同樣數量的菸非常沉重。

能將此做法活用於意志力的挑戰中。記得每天讓自己的行動維持一致，認知到自己的選擇會影響到將來吧。

思考自己做出選擇的重量

想降低菸癮的時候……

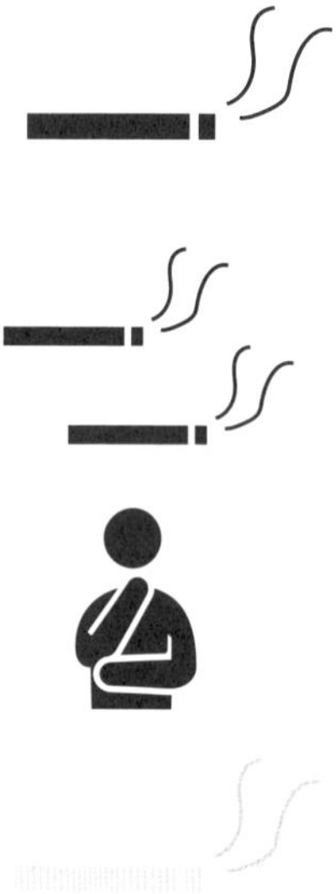

設定規則：「每天吸同樣根數的菸」

↓

比方說，今天若吸了 10 根，明天之後就得一直吸滿 10 根

↓

自問：「一直做這種事真的好嗎？」

↓

察覺此事的重要性，自然就能減少菸量

留意削減意志的魔力字眼

明明是零脂肪，
體重卻增加了！

如果有益健康，
每天吃應該也沒
問題才對……

零脂肪

明明吃的是鬆軟的巧克力餅乾，心情上卻覺得自己很健康。即使標榜「零脂肪」，只要吃完這個放入大量砂糖的甜點，你的體重確實會增加。

有機

即使是一般的餅乾，只要上頭寫著「有機」，就容易將它當成是對健康有益，熱量好像很少，即使在減重中也能每天放心吃的食物。

我們會因爲「魔力字眼」而無法做出正確判斷。

這些字句包括：「買一送一」「天然一○○%」「公平貿易」「有機」「零脂肪」或「慈善公益」等。

餐廳或行銷人員常會在明明九九%不好的東西中，特別加上那一%的優點。

即使不是自己眞正想要購入的東西，只要誇飾其中一小部分的優點後，我們就會忍不住伸手購買。

留意不要被「魔力字眼」迷惑，讓自己做出與長期目標相悖的行爲。

第4章

做了好事就會想做壞事

重點整理

不要誤認為「做了好事，做壞事也無妨」。藉由回想起自己努力的理由，就能提升自制力。

為了提升意志力……

1 不用藉犒賞來縱容自己

回想起自己努力的理由。

2 回想起「為什麼」的理由

若能回想起努力的理由，就能察覺到「犒賞自己」會妨礙目標。

3 不將應做事項延後

就算想著「明天再做就好」也很難做到，不要再拖延不做了。

4 每天做相同的行動

想到自己每天要重複相同的行動，就能認知到該行動會影響將來，進而發揮自制力。

第5章

將欲望化為意志力的來源

當想要的東西出現在眼前、大腦的「酬賞系統」釋放出神經傳導物質多巴胺時，我們就會開始拚命地去追求酬賞（快感）。不過，只要妥善利用這股力量，也能幫助我們提起幹勁。

大腦裡有個可以促進人類行動及消費而發展出的「**酬賞系統**」。

當大腦認知到酬賞快要到手時，就會釋放出名爲**多巴胺**的神經傳導物質，命令大腦去獲得酬賞。

當釋放多巴胺時，神經會變得特別敏感，腦中只想著欲望。因爲受到多巴胺的作用，人類的注意力會集中在酬賞上，變得無法思考其他事情。

不過，研究發現「多巴胺雖然有讓人期待酬賞的作用，卻不會帶來獲得酬賞的眞實感受」。換句話說，**即使因爲多巴胺的作用而去追求想要的東西，我們也無法獲得滿足感或幸福感**。

人類的生活環境已被架構成爲將多巴胺的作用發揮到極限的程度，大家因此不斷渴望著將一個個想要的東西拿到手。

若每次多巴胺一分泌，我們就順從衝動行事，這可大事不妙。好好理解即使順從欲望、採取衝動行爲，也無法得到滿足感的現實吧。

若持續釋出多巴胺的話會如何呢？

麥基爾大學奧茲（James Olds）及米爾納（Peter Milner）進行的實驗

在老鼠腦中植入電極，並刺激
大腦酬賞系統以分泌多巴胺

記住電擊快感
的老鼠⋯⋯

・即使站在發燙的線上不斷被燙傷，也寧願持續按開關

・即使到了體力極限，仍舊也為了引發電擊而持續按著開關

・即使飼料被移動到其他地方，仍舊留在電擊場所不離開

結論

① 即使因多巴胺作用而順從欲望，持續追求快感也無法獲得滿足感

② 受到多巴胺影響，有時候會從事自我破壞的行動

③ 在此狀態要發揮「拒絕力」會變得極其困難

察覺多巴胺的「誘因」

身邊有許多誘惑……

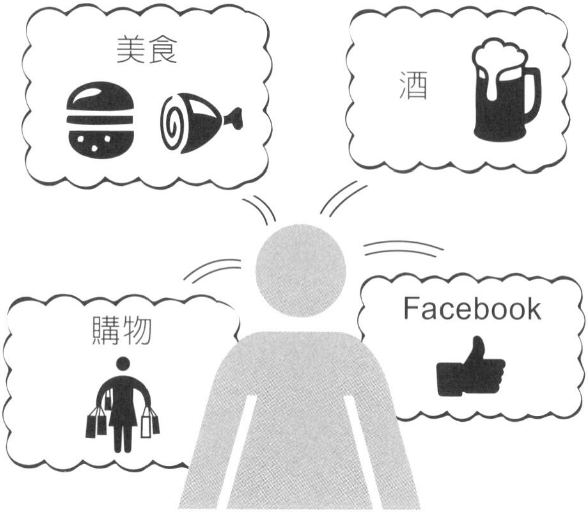

我們的周圍充滿各種誘惑。盡量察覺到誘惑的陷阱，讓自己不被衝動牽著走吧。

電腦、Facebook及手機簡訊。這些都是讓我們無法放開刺激多巴胺分泌的道具。手機或電腦猶如直接與大腦連接，不停地刺激多巴胺一樣。

沒有比科技更容易使大腦成癮的東西，我們因此陷入不斷追求更多的刺激。沉溺在網路中的生活，這正是我們被酬賞期待耍著玩的最佳範例。

電玩設計師利用大腦的酬賞系統，就能讓玩家期待「下次或許能玩出更好的成績」。因爲只要持續玩電玩，就會釋放出大量多巴胺，讓人完全對遊戲上癮。

「誘因」也潛藏在這些地方

留意那些誘惑我們、刺激多巴胺神經細胞、使我們乖乖掏錢的陷阱吧。

超市

· 試吃（試喝）攤位
· 麵包或點心的香氣
· 入口附近的主打商品

價格伎倆

· 買一送一
· 限時特賣
· 現貨下殺 4 折！

廣告

· 在電視上看到零嘴的廣告，去開冰箱的機率會變高

當期待酬賞、多巴胺被釋放時，人就容易被其他的各種事物所誘惑。

在我們購物的環境中，商家就利用著這個原理，安排了讓消費者經常想要各種東西的情境。

例如，超市爲了刺激更多消費者，讓他們在多巴胺效果發揮到極致的情況下購物，會將優惠的主打商品放在門口或中央。

在購物中心門口發放折價券也隱含著這種目的或策略。

只要我們發現這個事實，就能看清楚各種巧妙地誘惑我們、並刺激多巴胺神經元、讓我們乖乖掏錢的行銷陷阱。

將「無趣」變成「有趣」

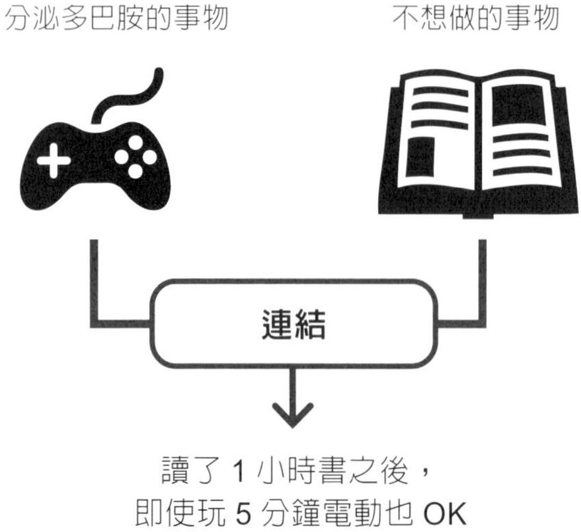

將「行動力」和多巴胺連結

遇到麻煩事，就試著將它與能活化多巴胺神經細胞的事物連接，有趣地做看看吧。這是為了提起幹勁，解決延後處理事情的「多巴胺化」。

人類分泌多巴胺之後會產生「酬賞期望」，而我們就會爲了想要獲得的事物而變得拚命。

利用這個多巴胺的作用，並將它適當地與「行動力」連結，來解決麻煩事或延後處理的事情吧。

只要設定好具體的酬賞，即使是無趣的工作也能提起幹勁。

讀書讀到某個程度之後，稍微玩電玩，或是在喜歡的咖啡廳邊喝熱巧克力、邊處理棘手的工作等，以自己的習慣下點小心思吧。

大腦酬賞系統的「糖果」與「鞭子」

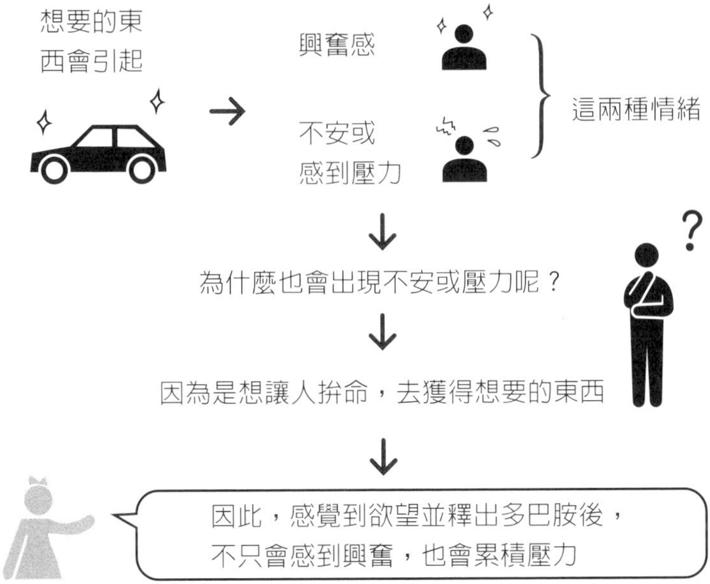
想要的東西會引起
興奮感
不安或感到壓力
這兩種情緒
為什麼也會出現不安或壓力呢？
因為是想讓人拚命，去獲得想要的東西
因此，感覺到欲望並釋出多巴胺後，不只會感到興奮，也會累積壓力

爲了想讓我們去獲取自己想要的東西，大腦的酬賞系統準備了「糖果」及「鞭子」兩項利器。

第一種武器「糖果」，是對於酬賞的期待。當多巴胺在期待喜悅或規畫行動的大腦區域作用時，就會產生欲望並提起幹勁。

即使如此，當大腦酬賞中樞釋放多巴胺時，也會發送訊息至大腦壓力中樞，釋放壓力荷爾蒙，產生不安或壓力。這就是「鞭子」。

結果，只要越期待得到想要的東西，就會變得越不安。

如果我們會因爲想要的東西而覺得興奮，同樣地也會因此感到不安或壓力。

觀察欲望的壓力

順從衝動就會變成這樣

明明是太想買才買……

明明是太想吃才吃……

明明是太想見面才見面……

明明是太想喝才喝……

為什麼我卻無法滿足呢？

當我們滿腦子都是欲望的時候，即使一點都不覺得有趣，也會繼續追求想要的事物，且從事自我破壞的行動。

當我們感覺到欲望時，心中就會充滿期待。

因此誤以為只要我們全神貫注地持續追求想要的事物，拿到想要的東西，就能獲得幸福。

由於對酬賞的期待過於強烈，結果我們非但無法獲得「滿足」，甚至還持續消耗導致「悲慘結果」的事物。

多巴胺的主要作用是追求酬賞，因此不可能發出「停止」等的信號。

像這樣被腦中化學物質所控制而衝動行動的話，我們就會做出自我破壞的行動。

多巴胺會蒙敝你的判斷

當人類被多巴胺控制時，它如何蒙蔽我們的判斷呢？看看在費城電影院進行的實驗範例吧。

① 爆米花的甜甜香氣，讓我們分泌多巴胺

② 將兩週前做的難吃爆米花，分給其中一半的客人

③ 吃了兩週前爆米花的人，全部都發現它很難吃

④ 可是大家卻因為多巴胺而繼續吃

前康乃爾大學教授汪辛克（Brian Wansink）進行的一項實驗中，將電影院的觀眾分組，一組遞給他們剛做好的好吃爆米花，另一組則提供兩週前做的難吃爆米花。

結果，「好吃爆米花」那組大約吃完了六成爆米花，而「難吃爆米花組」就算觀眾知道很難吃，竟然也吃完了六成。

味覺是動物不可或缺的感覺。可是，這種感覺也會因爲多巴胺神經元的作用而被蒙蔽。

不要忍耐，試著刻意享受誘惑

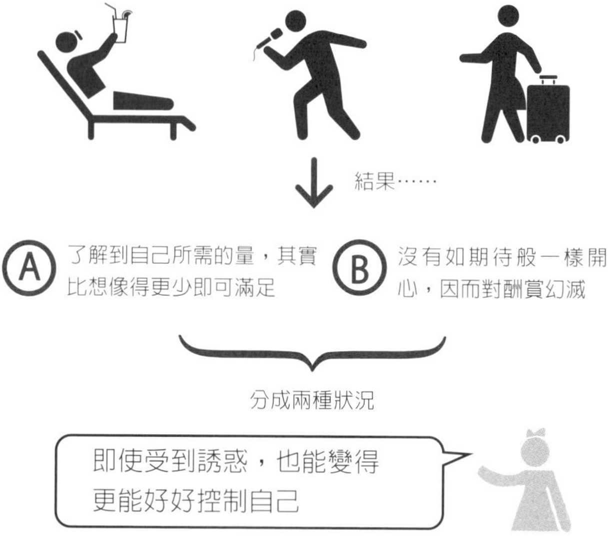
結果……
Ⓐ 了解到自己所需的量，其實比想像得更少即可滿足
Ⓑ 沒有如期待般一樣開心，因而對酬賞幻滅
分成兩種狀況
即使受到誘惑，也能變得更能好好控制自己

試著刻意輸給快感的誘惑

試著進行刻意輸給誘惑的實驗吧。你會變得比以前更能好好控制自己。

如果有「做了這件事，我一定會很開心」的念頭的話，就乾脆試著輸給誘惑吧。

透過提高對酬賞的期待，來觀察因此感受到的期待、希望、興奮等在大腦或身體發生的現象。

嘗試過這種實驗的人，大致可分爲兩種模式。

Ⓐ了解到自己所需的量，其實比想像得更少即可滿足。

Ⓑ對酬賞的期待與自己實際上獲得的結果相差甚遠，因而對酬賞幻滅。

無論出現哪種情況，都會比以前變得更能好好控制自己。

分辨「真正酬賞」與「虛假酬賞」

讓自己更能分辨「真正酬賞」與「虛假酬賞」吧。即使被誘惑，應該也不會被大腦說的大謊話所欺瞞，能夠好好區分。

將自己 < 推近目標……真正酬賞
遠離目標……虛假酬賞

「虛假的酬賞」真的讓你變幸福了嗎？

酬賞的承諾並不保證帶來快樂，但是沒有酬賞的承諾又令人不快樂。若對酬賞的期待過高就會輸給誘惑，但是若沒有期待酬賞的心情，也無法提起幹勁。如何面對這兩難的狀況，沒有簡單的答案。

我們的生活充斥著科技及廣告，人們過著時常追求某樣事物，卻無法感到滿足的日子。

如果你想至少習得一些自制力，必須得確實區分能帶來人生意義的「真正酬賞」，及讓人失去理性、又容易成癮的「虛假酬賞」。

重點整理

由於我們的大腦會誤認
只要期待酬賞
必定能得到「滿足感」，
所以即使是實際上
無法獲得滿足感的事物
我們也會拚命追求。

為了提升意志力……

1 注意多巴胺的誘因

思考想要得手的「對酬賞的期待」究竟是什麼。

2 觀察欲望的壓力

察覺想要的心情會讓人感到壓力。

3 將「行動力」與多巴胺連結

將延後處理的事與可活化多巴胺神經元的事物連結，能引發幹勁。

4 試著刻意輸給誘惑

藉由察覺到自己無法獲得如期待般的滿足感，讓自己變得更能自我控制。

第6章

「管他的效應」會引起挫折

責備失敗的自己，只會變得自暴自棄，或因消沉而出現反效果。
請原諒自己，思考不再重蹈覆轍的方法。

當感到壓力時，大腦容易輸給誘惑。極有可能讓戒菸、戒酒或減重等破功。

因爲壓力大而引發「戰或逃的反應」時，大腦爲了要安定情緒，會做些讓心情變好的事。透過自我控制，會優先處理能讓心情好的事。

對意志力而言，另一個威脅就是想著「管他的」，然後變得自暴自棄。

例如減重中的人光是吃一口蛋糕就變得很沮喪，想著「我怎麼減重也沒用」而放棄。**因爲輸給誘惑之後的罪惡感會讓人變得更頹廢。**

就算遇到一些小挫折，也不會立刻引來大失敗。危險的是，剛開始遇到挫折時覺得自己很丟臉又抱有罪惡感，接著失去希望。如果失敗，就原諒失敗的自己吧。比起責備自己，對自己體貼更能讓自己產生自信。

香菸包裝上加上警告標誌，反而增加吸菸率？

為了弭平不安而吸菸 ← 因不安覺得有壓力 ← 看到香菸的警告標誌

感到有壓力時，大腦容易輸給誘惑

感到有壓力

↓

引發戰或逃的反應（分泌大量多巴胺，大腦開始追求酬賞）

↓

無論何種誘惑都讓人覺得很有魅力

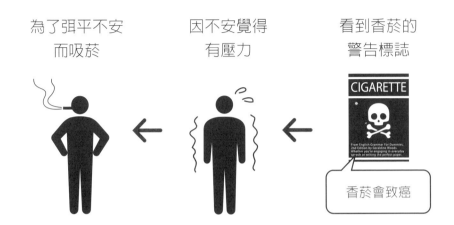

有效消除壓力

有效紓壓策略

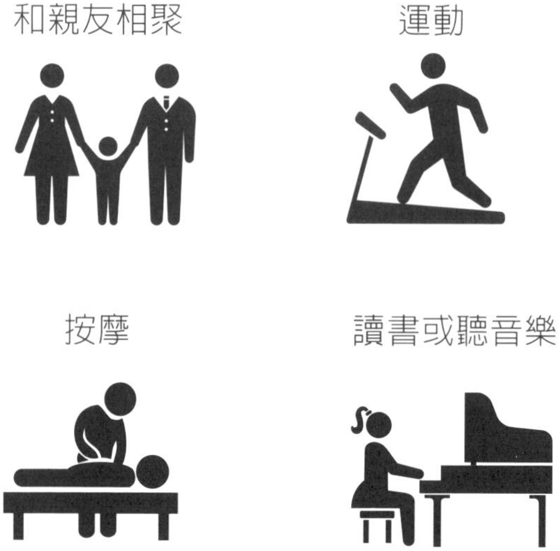

藉由美國心理學會提倡的「有效紓壓策略」，引發身心上的放鬆反應吧。

美國心理學會表示，有效紓壓策略包括運動、讀書或聽音樂、和親友相聚、按摩等。較無效果的舒壓策略像是賭博、吸菸、暴食、玩電動等。

有效紓壓策略並非透過釋放多巴胺來期待酬賞，而是活化如血清素、伽瑪—胺基丁酸等提振心情的大腦化學物質，或是催產素等使心情變佳的荷爾蒙。此外，會關閉大腦的壓力反應，減少體內的壓力荷爾蒙，引起療癒反應及弛緩（放鬆）反應。

為什麼選不了「有效紓壓策略」呢？

「沒有」壓力的大腦 → 能做出正確判斷

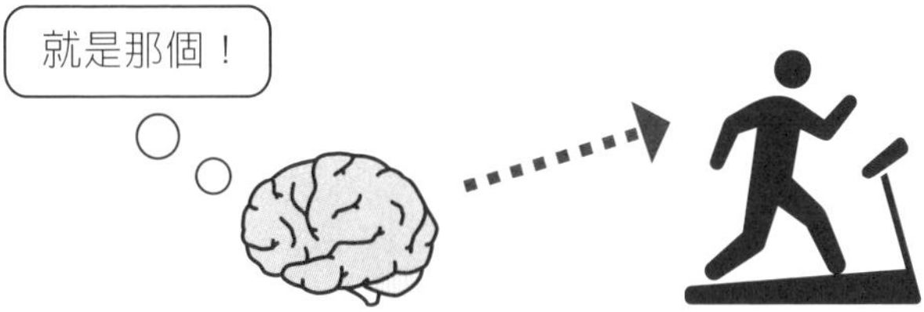

「有」壓力的大腦 → 做不了正確判斷

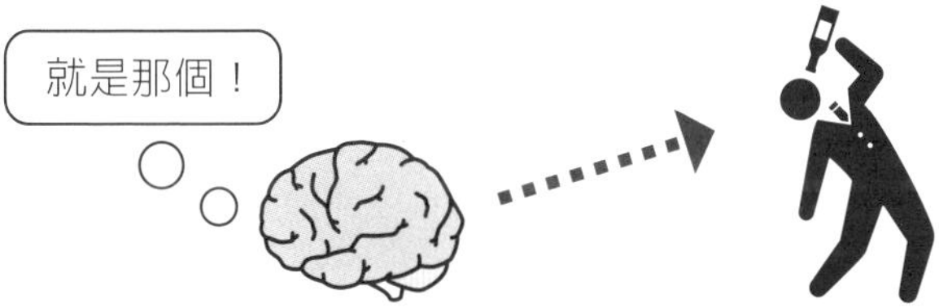

我們容易忘記「有效紓壓策略」的原因，並非因那些方法沒有效果。

而是處於壓力狀態下的大腦，會變得無法正確判斷，怎麼做才能讓心情真的變好。

因此，人們會不小心選擇了以釋放多巴胺來讓自己亢奮的錯誤方法。

下次當你感覺到壓力、想要鬆口氣時，請務必試著做做運動。

或是嘗試採取讀書或聽音樂等有效的紓壓策略吧。

藉原諒自己來找回自制力

回想一下，你失敗時對自己說了些什麼

這些話語會增加壓力，
引起更加無法挽回的行動

假如你想發揮自制力，自我批判只會帶來反效果。只有原諒自己，才可以從失敗中重新振作。

我們容易誤解，自我批判對自我控制才是不可或缺的。可是令人驚訝的是，原諒自己比抱有罪惡感更能增加責任感。因爲與其嚴厲地自我批判，體貼自己、回顧自我失敗的做法，更容易讓自己承認「失敗都是因爲自身的錯」。這樣一來，也更能聽進他人的建議，同時從失敗經驗中能學到更多。

一旦責備失敗的自己，就會因爲罪惡感的反效果，反倒讓自身越容易把事情搞砸。這個現象被稱爲「管他的效應」。若想發揮自制力，自我批判只會適得其反。

安慰話語的效果

募集減重失敗的女性所進行的實驗

不要對自己太嚴厲

❶ 安慰對方後的情況

在之後的實驗裡，受試者只吃了 28 公克的零嘴（6 顆水滴巧克力）

實驗現在開始了

❷ 什麼都沒多說的情況

在之後的實驗裡，受試者吃了 70 公克的零嘴（① 的 2.5 倍）

美國的心理學家募集了一群正在減重的女性進行實驗。

實驗目的是驗證「原諒自己能否打斷管他的效應所帶來的惡性循環」。

首先，爲了讓這些女性因自己打破了減重的規則而懷有罪惡感，而刻意讓她們吃下甜甜圈。接著，對這些女性下達了只吃喜歡的零食量、且評價它們口味的指示。開放試吃零嘴之前，研究者對其中一半的女性說了「不要對自己太嚴厲」的溫暖話語，對另一半的女性則什麼都沒說。

結果，聽到了溫暖話語的女性吃的零嘴量，比沒聽到的人整整少了一半以下。因爲安慰的話語，緩和了「管他的效應」。

不重蹈覆轍的方法

原諒自己更能加強意志力

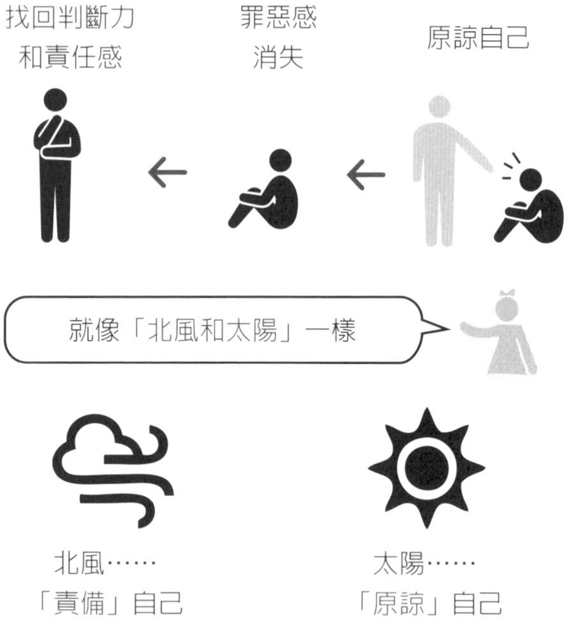

無論是誰，都會犯錯或失敗。重要的是之後如何處理。接下來要介紹從罪惡感引起的重蹈覆轍等「負面螺旋」中逃脫的方法。

來做做看失敗時，能體貼對待自己的運動吧。

請具體地回想起你輸給誘惑時的情況，並以下列三種方法，來思考那次的失敗。

❶請將失敗時的心情化成言語。只要冷靜地思考，就能更專注在內心。

❷偶爾失去理性是理所當然的。思考是否有其他人跟你一樣，經歷過同樣失敗而痛苦過。

❸構思一下當好友犯了同樣的失敗時，你會對他說哪些話。

若你失敗的時候能這樣思考的話，就能重新振作、再繼續加油。

逃離負面螺旋吧

❶ 將失敗時的心情化成言語

你的心情如何？
身體出現哪種反應？
……等等

❷ 安慰自己是「平凡人」

應該不只
我會這樣……

有人跟我一樣，曾經經歷過同樣的痛苦或失敗嗎？

❸ 對自己說會想對好友說的話

沒有人不曾失敗過

朋友假如失敗，你會對他說哪些話，替他加油打氣呢？

又會怎麼樣鼓勵朋友繼續向目標邁進呢？

下決心與受挫折不斷重複發生

① 從今天起我要重生！
② 只有在想像成功的那個瞬間，自己的心情會變好
③ 開始努力之後，持續痛苦的期間
④ 因此放棄了
忘記悲慘的自己，又回到①

不再只停在下決心的階段

下定決心「我要改變」時，會讓心情變好，可是若不如想像中順利的話，就會消沉。為了不重複這種過程，重要的是設立能持續下去的具體目標。

當我們失敗的時候，就會有罪惡感，自我批判後會變得意志消沉。

可是，只要下定決心「我要改變」，心情就會豁然開朗，開始想像重生後的自己。但是，若實際上不如自己想像中順利的話，過了一段時間後又會更消沉。

想改變的決心能有效地滿足眼前的欲求。

但是，實際上即使因想改變而開始努力，想像中的變化卻沒有立刻出現，又會覺得這件事情不應該是這樣的，接著失去自信。然後，爲了忘記這個悲慘的自己，又開始下「我要改變」的決心。

為什麼會引起「錯誤願望症候群」？

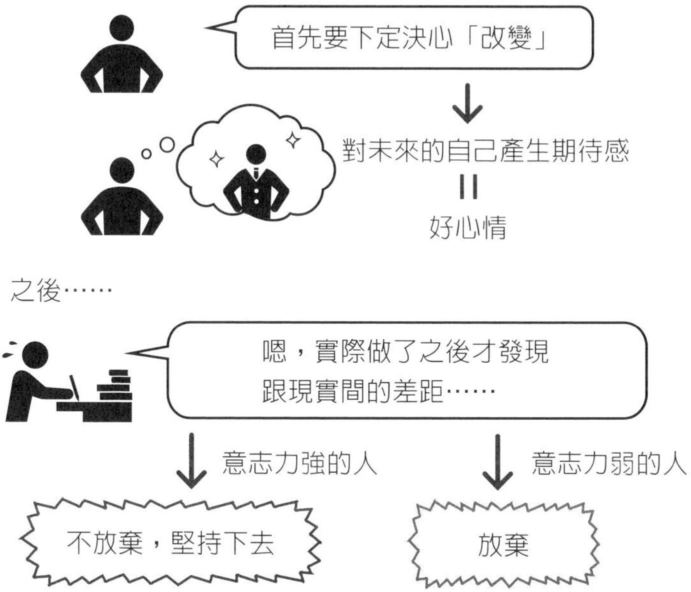
首先要下定決心「改變」
對未來的自己產生期待感
＝
好心情
之後……
嗯，實際做了之後才發現
跟現實間的差距……
意志力強的人
意志力弱的人
不放棄，堅持下去
放棄

人下定決心改變之後，在努力改變自己時，其實痛苦的事會持續發生。

我們必須發揮自制力，忍耐不去做想做的事，而是去做那些不想做的事。

如此一來，若體驗了「決心改變」的期待感，且從之後發生的痛苦逃脫的話，不但可以放鬆，還覺得開心。但也因爲如此，就會陷入「容易放棄目標，又重新下決心」的「錯誤願望症候群」。

爲了讓自己擺脫消沉的心情，總之先讓自己不要一再地建立目標、又輕易放棄吧。

在腦中描繪失敗時的情境

自己……
是如何
輸給誘惑的？
在何時會
忘記目標？
用什麼藉口
放棄了？
理解自己在何時、何種情況下，
會輸給誘惑或放棄目標

模擬情境 能貫徹決心

若能預測自己在何時、何種情況下會輸給誘惑、放棄目標的話，就可以提升貫徹決定的機率。

思考一下究竟自己是何時快要輸給誘惑或幾乎快忘掉目標的呢？在拖延處理應做事項時，又對自己說了哪些藉口呢？

接著，請想像自己實際深陷那種情況的樣貌。然後，清楚地在腦中描繪該情況直至失敗的樣子。

要避免因壓力或意志力問題所造成的失敗，就必須找出真正能讓自己心情豁然開朗的方法，從壓力源中保護自己。即使失敗也不要責怪自己，抱持著原諒的心情體貼自己一下吧。這樣一來，就不會變得自暴自棄而輸給誘惑或放棄目標了。

‖在腦中描繪應該採取的行動

① 回想動機

② 向朋友求助

③ 試著回想起至今學到的方法

為了守護自己的決心，思考具體的方法吧

想像失敗的模樣之後，描繪自己成功的樣子。接著，具體地思考爲了守護自己的決心，應該採取何種行動才對。

回想起自己的動機也好。向朋友求助，或是嘗試至今學到的方法也是不錯。

若是有想嘗試的方法，就想像自己實際嘗試行動的樣子。

訣竅就是在腦中清楚地描繪。

藉由想像自己順利的模樣並描繪成功的姿態，就能產生自信，讓你做出有助於達成目標的事情。

第6章

「管他的效應」會引起挫折

重點整理

因失敗而消沉
就會變得容易輸給「誘惑」。
以原諒自己代替自我責備
更能避免自己重蹈覆轍。

為了提升意志力……

1

嘗試有效的紓壓策略

以活動或運動等有效紓壓策略來引發放鬆反應。

2

試著刻意輸給誘惑

為了原諒失敗的自己，以下列三種方法來思考。

❶將失敗時的心情化成言語。

❷回想跟自己一樣經歷過同樣失敗的人。

❸構思當好友犯了同樣的錯誤時，要對他說哪些話。

3

先描繪失敗的過程，再描繪成功的模樣

理解自己輸給誘惑的理由，再思考為了達成目標該採取哪些具體行動。

第7章

描繪「未來的自己」

比起未來的報酬，我們容易先選擇眼前的。但是，只要透過回想未來的夢想或目標，或者是描繪自己未來的模樣，就能做出聰明的選擇。

讓十九隻黑猩猩和四十個人類（來自於美國哈佛大學與德國馬克斯普朗克研究所的學生）競爭，看誰能獲得更多點心。

首先，請研究對象自由選擇要拿兩個，還是六個點心，結果不管是黑猩猩，還是人類都選了六個點心。接著，讓研究對象選擇是要立刻拿到兩個點心，還是願意等待兩分鐘後可以拿到六個點心。

沒想到，超過七成的黑猩猩選擇等兩分鐘，但願意等兩分鐘的人類竟然不到兩成。爲什麼人類的耐心會不如黑猩猩呢？

因爲對人類來說，**必須等候才能得到報酬時，那個報酬的價値會變低**。這在經濟學上被稱爲「**延遲折現**」（delay discounting）。

因此，我們如果無法立刻獲得想要的東西就會不甘心，然後將不想做的事推遲到明天。就這樣，人類會爲了滿足眼前的欲求，而屢屢屈服於誘惑。

黑猩猩與人類自制力的不同

黑猩猩的答案

為了拿到6個點心，有72%的黑猩猩多等了2分鐘。

72%等待，拿到6個

人類的回答

選擇等2分鐘、拿6個點心的人，僅有19%。有8成以上的人選擇能立刻到手的滿足（2個點心）。

只有19%選擇等待

延遲折現

對人類來說，若必須久候才能得到報酬的話，該報酬的價值就會變低

人類對眼前的誘惑沒轍

不再輸給眼前的誘惑

眼前一旦出現報酬，腦中就會出現欲求和自制力之間的拔河。為了不忘記遙遠將來的目標，把立刻能得手的報酬從眼前移開也是一種訣竅。

幾乎所有人都在心中期望自己能戰勝誘惑，做出能帶給自己長久幸福的選擇。但是，一旦想要的東西出現在眼前，心就會被眼前的短期目標給奪走，在重要時刻變得無法發揮意志力。

長久以前，人類如果無法立刻獲得眼前的報酬（食物）就沒辦法生存，因此無論度過多少歲月，大腦的酬賞系統都會爲此反應。即使如此，當然也不是說維持這種狀態就好。

每當自己輸給誘惑或拖延做事時，你都放棄了未來會出現的哪種報酬呢？試著冷靜地思考這件事吧。

離報酬遠一些　發揮自我控制

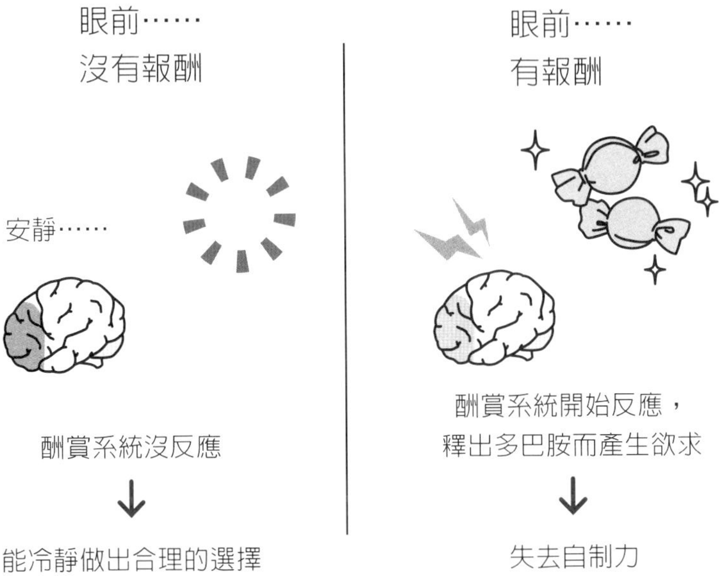
眼前……
沒有報酬
安靜……
酬賞系統沒反應
能冷靜做出合理的選擇
眼前……
有報酬
酬賞系統開始反應，
釋出多巴胺而產生欲求
失去自制力

大腦針對眼前的報酬，會盡量滿足原始的欲求。

相反來說，只要眼前沒有報酬就好辦。

在某個實驗中，發現光是將放在辦公室的糖果罐從桌上移到抽屜裡，員工的糖果消費量就會減少三分之一。

也就是說，只要自己與報酬間保持些距離，大腦就能恢復到可以自我控制的狀態。

如果出現了能刺激自我欲求的東西，只要將它從眼前移開，即能斷絕誘惑。

等十分鐘戰勝誘惑

先等待十分鐘

為了不讓自己跳進眼前的快樂中，即使感覺到誘惑也請先等待十分鐘，再做出明智的判斷吧。

若是爲了享受眼前的滿足而必須先等十分鐘的話，大腦會自動將其解釋爲「未來的報酬」。

這麼一來，我們就會因爲延遲折現效應，而變得沒有那麼期待報酬。

因此，若你想讓大腦冷靜地做出明智的決斷的話，無論面對什麼誘惑，都一定得先忍耐、等待十分鐘。假如過了十分鐘之後還是很渴望，再入手也無妨。

等待的時間內，請描繪出戰勝誘惑之後反而能獲得的長期報酬。或者是可以讓自己離誘惑標的遠一點，使它離開自己的視野也很有效。

用「10 分鐘原則」減少吸菸量

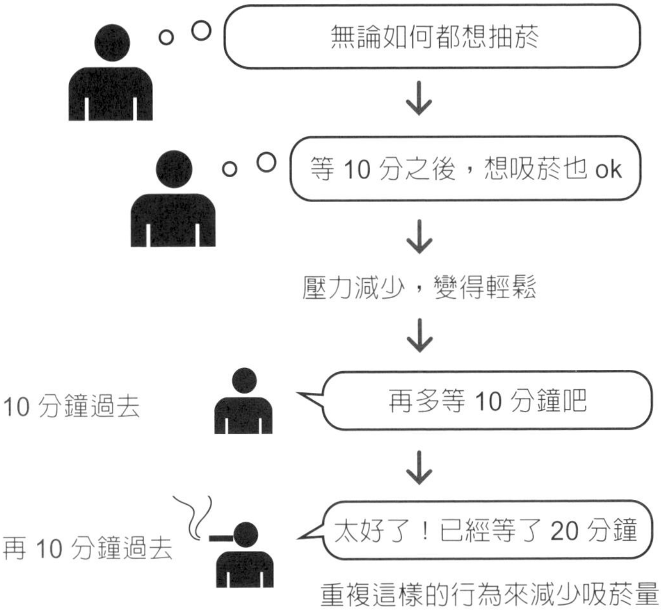
無論如何都想抽菸
等 10 分之後，想吸菸也 ok
壓力減少，變得輕鬆
10 分鐘過去
再多等 10 分鐘吧
再 10 分鐘過去
太好了！已經等了 20 分鐘
重複這樣的行為來減少吸菸量

奇斯這二十年來，一直都想戒菸卻總是戒不了。因此，他下定決心要運用「十分鐘原則」來減少吸菸量。

由於「絕對要等十分鐘」的規定，讓他總算能壓抑住自己想抽菸的衝動，回想起自己希望降低罹患心臟疾病或癌症風險的心願。

雖然有時候等了十分鐘之後還是想吸菸，但是每吸一次自己想戒菸的意志又更強了些。

等到他能順利地忍耐十分鐘後，決定自己再追加十分鐘。結果，不久後，他的吸菸量就減爲每兩天一包。而且，對戒菸有了自信的奇斯，自制力也跟著變強了。

下手為強，打敗誘惑

為了不輸給誘惑 透過三種手段消滅逃避管道

① 為實行決定好的事，預先承諾

例）先付清健身房的會員費；先預約好牙醫

② 營造出難以顛覆期望的狀況

例）出門不帶信用卡；把鬧鐘放在房間角落

③ 賦予自己動機

例）設定為自己量身打造的報酬或罰則

試試看適合自己的方法吧

為了不要輸給誘惑，先下手為強吧。只要把握自己的弱點就能找出對策。

有關你的意志力挑戰（作業），請從下列三種方法中選一種試試看。

❶爲了不在誘惑的驅使下做出錯誤判斷，先思考預防策略再進行。

❷感覺快輸給誘惑時，找到讓誘惑窒礙難行的方法。

❸賦予自己動機。決定好爲自己量身訂做的報酬或罰則的話，就會覺得眼前的快樂也沒那麼有魅力。

三種手段（具體範例）

① 覺察自己的夢想或目標

想進醫學系的艾米娜在上課的時候也會忍不住想看 Facebook，沒辦法專心上課。所以，她決定在自己想看臉書的時候問自己：「因為這種事當不成醫生也無所謂嗎？」甚至合成了一張自己當上外科醫生的照片，並當成自己筆電桌布，提升自己的幹勁。

② 以背水一戰的心情來面對

作家法蘭岑（Jonathan Franzen）即使為了寫稿坐在電腦前，也會被網路或電玩遊戲分心。因此，不想輸給誘惑而變懶惰的他拆了電腦，破壞連接網路的連接埠，還把不必要的程式刪除。

③ 利用糖果與鞭子

經濟學家艾爾斯（Ian Ayres）架設了一個輸給誘惑就懲罰自己的網站。這個網站的特色宛如一根「鞭子」。他打造了若減重失敗，或決定好的目標無法達成，就會強制捐錢給慈善機構的機制。此有助於自己貫徹決心。

「遇見」未來的自己

未來的自己將會是超人？

為什麼會過度評價自己呢？

未來的自己能靈活
果斷地完成工作

我們總會過於高度評價未來的自己。想改變現在的自己，關鍵在於能否實際描繪未來的自己。

你是不是正在等待那個意志力比現在還強的未來的自己出現，幫你掀起劇烈變化呢？

我們會把未來的自己當成他人來看待。把自己理想化，輕易地認爲現在的自己做不到的事，未來的自己一定可以做得到。

可是，絕大部分的時候，即使等到未來實際到來，理想中的自己卻仍舊不見蹤影，最後你總是被迫做出抉擇。所以，期待未來的自己只是將問題推給未來的自己罷了。

必須得認知到「未來的自己跟現在的自己，都是同一個人」。

感覺未來的自己就在身邊的實驗

① 思考將來的事
下週要做什麼好呢？
② 傳訊息給未來的自己
用預約寄信等方式，
寫封給未來自己的電子郵件
③ 試著想像未來的自己
挫折
成功
哪邊好呢？

來進行更實際感受未來、感覺未來的自己就在身邊的實驗吧。

只要在腦海中描繪未來事物的話，大腦就會具體列出你現在的選擇對未來的影響。越能實際感受到未來，便越能做出不讓未來自己後悔的決定。

向長期目標前進時，把現在自己想要做的事情寫入電子郵件中，試著清楚告訴未來的自己的做法也很有效。光是思考訊息裡要寫什麼內容，即能感覺到與未來自己的連結變強了。

藉由想像未來的自己，就能強化現在自己的意志力。詳細地具體描繪看看吧。

重點整理

不描繪未來的自己，
我們就會輸給誘惑，
或是延後事物處理的時間。
只要認知到
未來的自己和現在的自己的關聯，
就能看清現在該做的事情。

為了提升意志力……

1 與眼前的報酬保持距離

把眼前的報酬移開，謝絕誘惑吧。

2 先等待十分鐘

設定即使感覺到誘惑也要先等十分鐘的規則後，會變得越來越能冷靜地下判斷。

3 下手為強，打敗誘惑

為了不輸給誘惑，用三種方法來事先預防。

4 認知與未來自己的連結

實際感受到未來自己與現在自己之間的關聯後，就能看清楚現在該做的事情。

第8章

意志力具傳染力

我們傾向於與親近的人做出同樣的舉動。因此，不管是他人「強勁的意志力」，還是「對誘惑沒轍」也都會傳染給我們。

依據美國疾病防治中心的調查結果，一九九〇年各州的肥胖率都沒超過一五%，但是一九九九年卻有十八個州的肥胖率落在二〇~二四%，二〇〇九年竟有三十三個州的肥胖率超過二五%。美國衛生機關及媒體將這個現象稱爲「肥胖流行病」。

不僅肥胖問題，舉凡喝酒、抽菸、藥物、睡眠不足等都能觀察到這種傳染模式。

也就是說，**無論是好習慣還是壞習慣**，都會在人與人之間傳染。

無意識地模仿他人，並與對方有同樣目標的現象，在心理學中稱爲「**目標感染**」。

這種目標感染分成兩種。

一種是感染到自我控制，另一種是感染到自我放縱的誘惑，只不過我們似乎特別容易感染到誘惑。

肥胖會傳染

※ 此為古樂朋（Nicholas Christakis）及
佛勒（James Fowler）的研究觀察實例

姊妹變胖時

自己也變胖的機率會增加
67%

朋友變胖時

自己也變胖的機率會增加
171%

脆弱的意志力就跟病毒一樣會「傳染」
（同樣地，強韌意志力也會傳染）

在一天開始確認目標

強化意志力的免疫反應

艾蜜莉，
你的目標是什麼？
瘦下來！
什麼時候你會
忘記目標呢？
經過蛋糕店
的時候！

在一天開始確認自己的目標，提升對誘惑的抵抗力吧。

人並非一定會感染別人的欲求。當看到別人輸給誘惑時，有時反而會加強自我控制。心理學將這個情況稱爲「反制控制」，這就像對抗自我控制威脅的免疫反應能力。

希望強化對他人欲求的免疫反應，可以試著在一天開始就確認自己的重要目標，思考自己會輸給哪種誘惑，不小心會做出什麼與目標相反的行動。

重新回想自己的目標，這就像從誘惑病毒中找回守護你的疫苗，可以預防自己感染期望之外的欲求。

光看到違規的「證據」就會被感染

把購物車放在停車場
把腳踏車放在禁停的地方
看到這種違規情況的行人，
會「連其他規定」
都開始忽視

位於荷蘭的格羅寧根大學（University of Groningen）的研究人員，爲了進行實驗刻意在公共場合留下違規證據，來觀察那些路過前述痕跡的人們反應與行動，結果發現違規是會傳染的。

光是看到他人忽視規定、恣意行動而留下的證據，也會讓我們容易輸給衝動。換句話說，只要看到某個人做壞事，我們的自制力就會降低。

重要的是，我們不用實際直擊違規的現場，也會被違規感染。就像是帶有病菌的人走路經過時，會在門把上暫時留下些病菌一樣，只要看到某人違規的證據，我們恐怕也會感染到這項行爲。

想一想你認識意志力強的人

思考「具鋼鐵意志的人」

成功戒菸的
A 前輩
瘦了 15 公斤的
後輩 B
如果是那個人……
他會怎麼做？

我們就是容易被親近或喜歡的人的意志力給傳染。所以，將意志力強的人當成自己的模範吧。

研究清楚發現，一想到意志力強的人，自己的意志力也會跟著變強。在你進行的挑戰中，是否有哪位意志力堅強的人能當你的模範呢？這個對象可以是曾經成功克服同樣問題的人，或是你非常想跟他看齊、意志力強韌的人。政治家或運動選手，又或是在身邊的家人或朋友中，有沒有符合條件的人呢？

當你想要加強自己的意志力時，就想想自己的榜樣吧。接著，試著思考「這位具鋼鐵意志的人，這種時候應該會怎麼做呢」？

容易被親近或喜歡的人傳染

人類大腦會認為……

跟自己不親近的人，
他們的事跟自己無關

跟自己親近的人，
他們的事跟自己有關

跟自己越親近的人，
我們越容易感染到他們的意志力

肥胖或吸菸之類的社交流行病的散布，並非因爲單純的接觸，而是藉由互相尊敬、也抱有好感的人際關係網絡所擴散開的。

某個實驗請成年的受試者先思考自己的事，之後再思考母親的事，並在過程中偵測受試者的大腦，分析大腦動態。結果發現，大腦的活動領域幾乎相同。換句話說，我們認爲屬於「自己」的範圍內，也包含了自身認爲很重要的人。

我們的自我意識是建立在與他人的關係上，只有在思考他人的事情時，才能掌握自己。因此，我們的自我意志中包含了這些親近的人們，他們的選擇也會影響自己的選擇。

你最容易受到誰的影響呢？

想模仿夥伴正在做的事

比起「想做好事」，我們會更傾向於「想跟大家一樣」。

思考自己最容易受誰的影響吧。

無論夥伴做的是好事還是壞事，我們都容易認爲自己也跟著做才是明智之舉。

這種行爲在心理學中被稱爲「社會認可原則」。

之前提及的肥胖或吸菸的傳染性，也屬於「社會認可原則」的一種。

比方說，某個學生會不會作弊的關鍵因素，比起處罰重不重，更容易受他是否覺得「其他人也在作弊」所影響。

容易模仿他人失敗的三種模式

①潛意識的模仿

在飲酒或吸菸等各式各樣的情況下，我們容易在不知不覺中模仿他人的舉動、行為或欲求。

②受情緒渲染

受周遭人壞心情影響，結果連自己都變得不開心。這時說不定會為了讓心情變好，買了不必要的東西。

③被誘惑所刺激

一看到其他人輸給誘惑，我們的大腦也會受那個誘惑所刺激，自己也都想要輸給那個誘惑。

找到有同樣目標的夥伴

讓努力變成「日常」

為了健康
想持續慢跑
加入慢跑社團，
認識夥伴

去找尋跟自己有同樣目標的人吧。只要有了夥伴，努力就不那麼辛苦了。

不管設立了什麼目標，有時還是會因爲社會認可效果，而阻礙了自己的刻意努力。你是否曾經出現這樣的念頭「只有自己在努力，也許根本不用那麼努力……」呢？

如果是，去認識會讓自己覺得想努力下去並養成習慣的「夥伴」。

你也可以加入某個團體，或者去訂購能幫助自己達成目標的雜誌也是方法之一。

只要身邊圍繞著擁有同樣目標的夥伴，就會開始覺得努力是「大家都在做的事」，是日常普通的事。

利用「羞恥心」與「自尊心」的效果

利用羞恥心效果

我們會在意別人的眼光。類似自尊心或羞恥心等社會情緒，會直接影響我們的選擇。覺得「不想丟臉」，或者是不想體驗社會苦痛的經驗，都跟自我控制有關。

沮喪時，要留意

當我們因罪惡感或羞恥心而感到沮喪時，會容易輸給誘惑。如果輸給誘惑、不小心闖禍，就會因為「管他的效應」而造成意志力降低，要特別留意。

自尊心會增加意志力儲存量

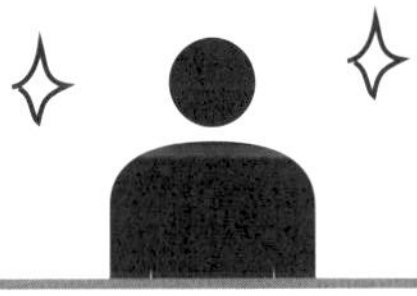

若心中有罪惡感，心率變異度會減少。這代表意志力的儲存量變少了。相反地，自尊心可以增加意志力的儲存量。若想利用自尊心的效果，想像有人看著你的一舉一動，或是決定戰勝誘惑時要跟大家炫耀都有幫助。

想起那些會為自己成功開心的人

我成功
之後……
家人、朋友、師父、
師兄都會替我開心

利用想被認可的心

想著那些自己達成目標之後，會為你開心的人吧。跟夥伴互相勉勵也是好方法。

我們心裡一直都希望「獲得別人的認可」。

利用此人類的基本欲求，來實驗自己是否能改變吧。

想像你成功完成意志力挑戰之後，會對自己感到多麼驕傲。

請在腦中描繪出一直在重要時刻提點你或會爲你的成功而開心的家人、朋友、同事或老師。

當你做出連自己都自豪的選擇時，就在Facebook或Twitter等社群網站上告訴夥伴吧（不擅長社群網站的人，說不定直接見面告訴他們比較好）。

跟朋友互相報告目標的進度狀況

相互鼓勵，讓動機持續下去

如果你是學生，就跟某個班上同學相互聯絡，彼此報告「爲了達成自己目標，下週預計要做哪些事」。

實際嘗試此方法的學生，曾表示自己終於能達成目標，都多虧了「自己說要做的事究竟有沒有做到，都得跟對方報告」的義務感。他與對方也因此成爲眞正相互支持的夥伴，彼此關係相當良好。

兩人維持了好一段時間，每週不間斷地跟彼此報告下週要做什麼。等到兩人不再相互報告時，想改變自己所付出的努力，已經養成習慣了。

重點整理

自我控制會受到「社會認可」的影響。因此，我們會被他人的意志力或誘惑所感染。

為了提升意志力……

1 強化意志力的免疫反應

在一天開始確認自己的目標，思考自己對哪些誘惑沒轍。

2 想想那些你當成模範的對象

想起那些意志力堅強的人，並思考這種時刻對方會怎麼做。

3 理解來自周遭的影響強度

注意不要模仿壞習慣。

4 找到有共同目標的夥伴

身邊若有跟自己目標相同的人在，就覺得努力只是普通日常的行為。

5 跟朋友互相報告目標進度

將此當成自我激勵，讓動機持續下去。

第9章

跨越欲求的浪潮

硬是壓抑思想、情緒及欲求的話，只會帶來反效果。接納自己的欲求，學習克服的方法吧。

一九八五年，在德州三一大學的心理學實驗室中，心理學家韋格納（Daniel Wegner）指示十七名學生「從現在開始的五分鐘內，請不要想任何有關白熊的事」。

結果，學生拚命地讓自己不要去想有關白熊的事，但回過神來卻發現自己腦中想的都是白熊。如同這些學生般，當我們認爲「不可以去想某件事」時，那件事就會一直在腦中揮之不去。韋格納將這個情況稱爲**「矛盾反彈效應」**。

在最新有關不安、憂鬱、節食或成癮等研究中也發現有「矛盾反彈效應」。對於腦中思考的事，「拒絕力」是完全無法發揮作用的。這是「拒絕力」的極限。

韋格納爲此提倡「放棄」，來解決這個惱人的兩難。**不要硬要壓抑腦中浮現的想法，而是下定決心眞誠地接受自己的感覺**。放棄去操縱自己的思想，就能反過來比以前更能控制自己的行動。

放棄操控思想

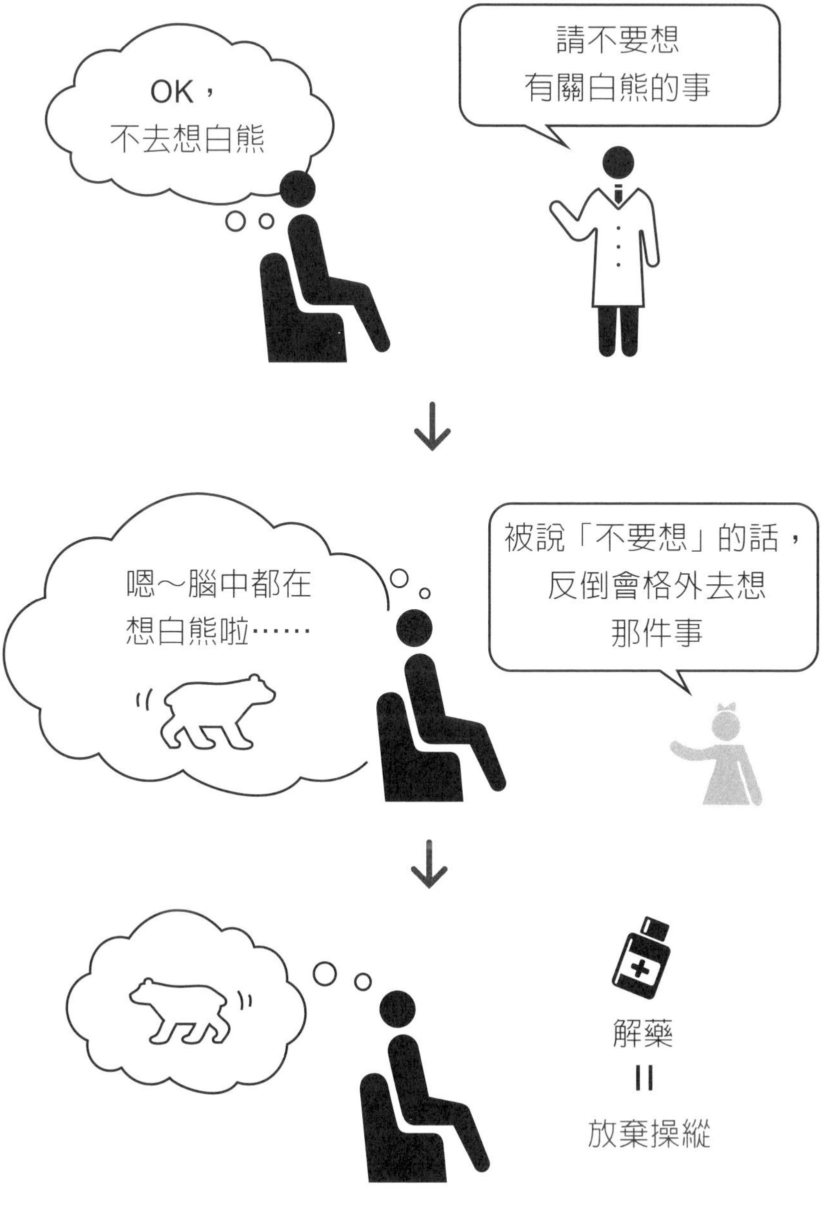

該自制的是行動，而非想法

被說「不要去想」就會變得特別在意的就是人類。去壓抑思考容易造成反效果，務必小心留意。

英國倫敦大學聖喬治學院的心理學家鄂斯金（James Erskine）找了一群女生到研究室，來場巧克力的試吃測試。他指示其中一部分的女生「可以自由說出任何自己有關巧克力的想法」，並要求另一群女生「請不要思考任何有關巧克力的事」。

之後，他發給每位參加者二十顆巧克力。結果不准想巧克力的女生們，因爲壓抑思想的反效果，吃了比其他女性多了近兩倍。

壓抑思想會降低自制力

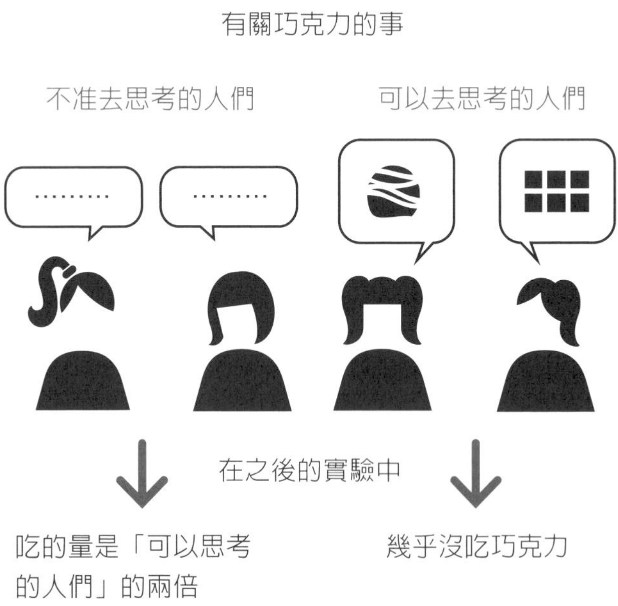
有關巧克力的事
不准去思考的人們
可以去思考的人們
....
....
在之後的實驗中
吃的量是「可以思考的人們」的兩倍
幾乎沒吃巧克力

只靠自制行動的實驗

「思想」跟「行動」都可控制

因為這樣會失敗，所以思考跟巧克力有關的事也無妨喔。

↓

只控制「行動」

可是，請不要吃巧克力，只控制「行動」就好。

↓

就算平常在飲食上無法自制的人，也成功忍耐住可以不吃巧克力了

在某個實驗裡，研究者發給一百名學生裝著巧克力的透明盒子。請學生在四十八小時內都帶著這個盒子，而且要求他們不能吃巧克力，當然除了盒子裡的巧克力，也不可以吃其他的。只不過，他們還跟部分學生說了如何不輸給誘惑的有效建議。

只有一部分的學生聽到了前述的白熊故事跟「矛盾反彈效應」的說明，並且被要求不用勉強消除自己想吃的心情，但是不要順從自己的欲望去吃巧克力。

這些學生雖然不需控制「思想」，但必須控制「行動」，結果他們不只很少興起「想吃」的欲望，而且沒人吃掉巧克力。

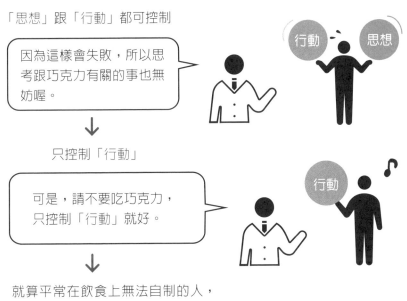

即使接受欲求卻不順從它

即使感受到欲求、也能脫身的四個步驟

① 察覺自己感受到的誘惑或欲求

② 坦率地接納那種感受或情緒

③ 意識到自己能夠選擇可以如何行動

④ 回想對自己來說重要的目標

四步驟讓你感受到欲求時也能順利脫身。只要照著步驟，冷靜對應，即使接納了「欲求」，也能阻止想滿足欲求而採取的「行動」。

一一七頁介紹的巧克力實驗中，學習到白熊的故事與「矛盾反彈效應」的學生，爲了讓他們即使感受到欲求，也能順利脫身，所以提供了四步驟的建議。這個方法是爲了對付想吃巧克力或想查看電子郵件等棘手欲望的方法。

❶當察覺到自己的誘惑或欲求時，❷坦率接納那個感受（請回想起「矛盾反彈效應」）。❸意識到即使自己無法控制思考及心情，也能夠選擇該如何行動。❹回想自己爲了達成重要的目標，決定要遵守的那些守則。

選擇不順從「欲求」的「行動」

察覺自己
想吸菸……

刻意進入全面禁菸的
咖啡廳裡

察覺自己
想吃零嘴……

試著品嘗看起來美味
又健康的餐點

察覺自己
想瀏覽網頁……

讓自己除了不上網以外，
做什麼其他事情都可以

P.118 裡提到的 ③ 是指意識到為了不順從
這些欲求，自己可採取的行動選項。

將「拒絕力」轉變為「行動力」

不是這也「不能吃」，
那也「不能吃」……

↓

自己思考
「該吃什麼才好」

↓

成功控制食欲，
順利減重成功

無法順利發揮「拒絕力」時，只要利用「行動力」，就能達成一直以來都無法完成的目標。

加拿大拉瓦爾大學的研究人員，研發出一個重視「該吃什麼好」（＝行動力）的獨特健康計畫。

這個計畫強調，食物會改善人類的健康並帶來快樂。我們並非要與食欲戰鬥，而是將它視爲追求健康的任務。

這個實驗證明了將「拒絕力」轉變爲「行動力」的方法是有效的。參與本實驗的受試者中，有三分之二成功減重，即使在十六個月後的追蹤調查中，仍維持減重後的體重。

不再禁食反而讓人成功控制食欲。

將「拒絕力」轉變成「行動力」的三個方法

1
思考「不做」之外的方法
不喝咖啡……
改喝紅茶，減少咖啡因攝取
2
重新審視本來做得到的事
在這 1 小時內
應該能跑 10 公里
3
將「拒絶力」轉變為「行動力」
試著從「不做～」改成「去做～」做出正向的挑戰

當你面臨對自己而言，最重大的「拒絕力」挑戰（作業）時，試著用上述的任一方法，採用跟以往相反的角度來進攻看看吧。

❶絕大部分的壞習慣，都是爲了「發洩壓力」等想尋求某種效果的行爲。比起想著要改變壞習慣，倒不如試著改變目標，從培養新習慣開始吧。

❷去關注「本來做得到、卻沒做到的事」，會比讓自己改變壞習慣更容易激起幹勁。

❸即使是展開完全相同的行動，也能對該行動有兩種不同的想法。比起「完全不遲到」，「提早五分鐘到」的想法會更正面。

冷靜觀察「欲望的浪潮」

即使感受到誘惑，只要突破欲望的浪潮，即可順利度過衝動而不需順從它。這將會成為最佳的自我控制法喔。

華盛頓大學成癮行爲研究中心的科學研究員鮑溫（Sarah Bowen）將有意戒菸的吸菸者集中到一間密室，進行實驗。她在吸菸者面前放了一根香菸，並要求他們絕對不能吸菸。在實驗進行的一個半小時裡，多次請他們「看著香菸盒」「打開香菸盒」「拿出香菸」「叼菸」之類的行爲。

在實驗開始前，一半的受試者學了「覺察衝動」的技巧。這個技巧是請他們在想吸菸時，不要勉強自己想其他事，而是好好觀察心裡的衝動。結果，學會這個技巧的受試者，吸菸量少了三七%。光是冷靜觀察自己的欲望，就能讓自制力變強。

仔細觀察自己的欲求

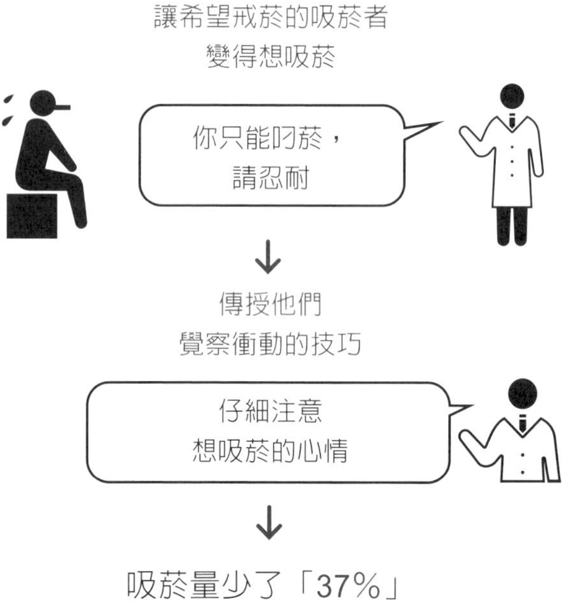
讓希望戒菸的吸菸者
變得想吸菸
你只能叼菸，
請忍耐
傳授他們
覺察衝動的技巧
仔細注意
想吸菸的心情
吸菸量少了「37%」

覺察衝動的技巧

① 覺察到欲望的衝動時，
在腦中想像有股「巨大的波浪」掀起。

② 不要勉強自己去想別件事或打消此欲望，而是仔細觀察心中的衝動。

③ 想像自己厲害地站在浪頭上。這股浪潮總會消失。

④ 不要心急，花點時間來學會技巧。

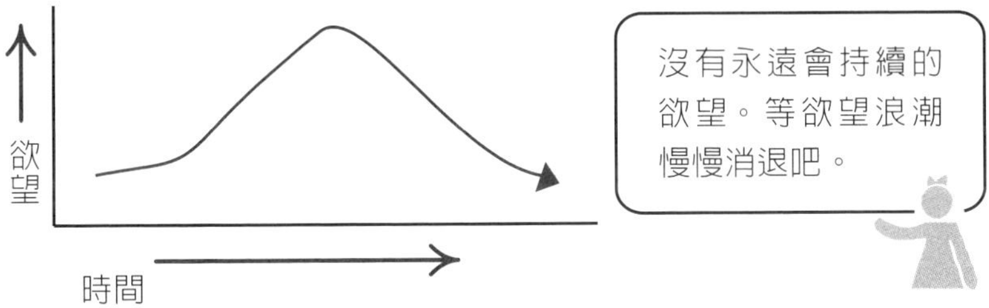
欲望
時間
沒有永遠會持續的欲望。等欲望浪潮慢慢消退吧。

當你感覺到欲求衝動時，首先請冷靜下來，注意自己的身體出現了哪些反應。

接著，觀察身體感受到的感覺變強變弱的模樣。

如果不順從衝動，或許衝動會變得更強烈。即使如此，也不要勉強自己思考別的事，當然也不要順從衝動，試試看能不能跨越這波浪潮。

想要練習如何覺察衝動，觀察呼吸也是個非常能派上用場的練習方法。先專注於呼吸的感覺，接著一邊吸氣、吐氣，一邊覺察自己跨越欲求的浪潮。

千萬不要著急，要慢慢地花時間學會這個技巧。

重點整理

刻意壓抑不期望的情緒或欲望
只會有反效果。
接受欲望，
站在欲望浪潮上，
才能加強自制力。

為了提升意志力……

1 不刻意壓抑思想或情緒

不要刻意壓抑腦中浮現的想法或情緒，下定決心如實地接受自己的感覺。

2 自制「行為」

即使坦誠地接納欲望，也不要順從它而展開行動。

3 即使接納欲望，也不順從它

❶察覺誘惑或欲求
❷坦然地接納
❸冷靜思考並選擇行動
❹回想重要的目標

4 將「拒絕力」轉變成「行動力」

將想法從「不做～」，改成正向的「去做～」。

5 跨越欲望浪潮

一邊觀察欲求浪潮，一邊等待衝動消退。

第10章

好好關注自己

自我控制中重要的是「關注自己」，理解自己內在各式各樣的面向吧。

本書提及過很多次，我們心中並不是只有一個自己，而是有很多個自己存在。無論是失去理性，還是忍住停下腳步、保持冷靜或深思熟慮後再選擇，這都是人性。

所謂的自我控制，是理解自己有各式各樣的一面，並非要自己脫胎換骨、變成完全截然不同的人。能夠自我控制的人不會和自己戰鬥，而是接受自己的眾多面向，好好地與其和平共處。

如果有能加強自我控制的「祕訣」，那一定只有這招——冷靜地專注在自己的各種層面上。

最後提醒——為了維持強韌的意志力

未來也請以科學家的角度，來面對所有事。
盡可能嘗試新方法，蒐集自己的相關數據，
然後仔細觀察獲得的事實結果。
請對讓人驚豔的點子也時時保持開放態度，
從失敗跟成功的兩個角度來學習。
有效的方法就持續進行，
並且將學到的事跟其他人分享吧。

人類抱著各種人性上的矛盾，
和生於充滿誘惑的現代，
對我們來說，
這就是自己能做到的最佳對策。
不過，只要不要忘記好奇心及對自己的體貼，
繼續堅持下去的話，一定會獲得出乎意料的回報。

國家圖書館出版品預行編目資料

圖解 丹佛大學的自我改變課：97%學員認證，輕鬆駕馭意志力【實踐版】／
凱莉．麥高尼格（Kelly McGonigal）作．高宜汝 譯．-- 初版．-- 臺北市：先覺，2021.10
128 面；14.8×20.8 公分 --（商戰；215）
ISBN 978-986-134-395-2（平裝）
1. 意志　2. 自我實現

173.764　　110013711

Eurasian Publishing Group
圓神出版事業機構
用心與你對話．視野無限寬廣
先覺出版社
Prophet Press

www.booklife.com.tw　　reader@mail.eurasian.com.tw

商戰 215

圖解 史丹佛大學的自我改變課：

97%學員認證，輕鬆駕馭意志力【實踐版】

作　　者／凱莉．麥高尼格（Kelly McGonigal）
譯　　者／高宜汝
發 行 人／簡志忠
出 版 者／先覺出版股份有限公司
地　　址／臺北市南京東路四段50號6樓之1
電　　話／（02）2579-6600．2579-8800．2570-3939
傳　　真／（02）2579-0338．2577-3220．2570-3636
總 編 輯／陳秋月
資深主編／李宛蓁
責任編輯／林亞萱
校　　對／林淑鈴．林亞萱
美術編輯／林韋伶
行銷企畫／陳禹伶．黃惟儂
印務統籌／劉鳳剛．高榮祥
監　　印／高榮祥
排　　版／杜易蓉
經 銷 商／叩應股份有限公司
郵撥帳號／ 18707239
法律顧問／圓神出版事業機構法律顧問蕭雄淋律師
印　　刷／祥峰印刷廠
2021年10月　初版

定價 270 元　　ISBN 978-986-134-395-2

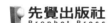